まったく新しい働き方の実践

～「IT前提経営」による「地方創生」～

高柳　寛樹　著

ハーベスト社

まったく新しい働き方の実践〜「IT前提経営」による「地方創生」〜

目次

◆はじめに

インターネットによって急速に変化する社会

一九九五年に発売されたWindows95*の出現により、インターネットが急速に広まっていきました。それに伴い、人々の生活はこれまで以上に便利になり、大きく変化しています。

しかし同時に、過渡期ゆえに従来の慣習に縛られたままの部分も少なくないように感じられます。たとえば、インターネットさえあればどこでも仕事ができるはずなのに、毎日会社に通勤するのが当たり前だと思っているのが現実です。もし、家で仕事をする人が増えれば、なかなか解決しない通勤電車のラッシュは緩和されるなど、多くの問題が解決するはずです。

私は今、ソフトウェアの開発を主幹業務とする会社を経営していますが、働き方に対してさまざまな改革を試みています。具体的なところでいえば、弊社には本社オフィスがありません。社員は皆、会社に通勤するのではなく、好きな時間、場所で働く「ノマド・ワーキング」制度を活用しています。

*Windows95はマイクロソフト社の登録商標です。

今となってはそれほど珍しくない働き方ですが、実際運用してみると時間や場所に縛られないノマド・ワーキング制度は、多くのメリットがあることに気づきました。社員の人生や生き方にまで大きな影響をもたらす働き方であるだけでなく、国が直面している地方過疎の問題も解決する手立てになるのではないかと考えています。

本書では、ノマド・ワーキング制度について、その制度と地方創生についてお話していきます。できるだけ具体的な事例を示しながら書きます。それゆえに、その背景や哲学にも触れたいため、少し回りくどくなるところがあるかもしれませんがぜひ最後までお付き合いください。

◆一章　「ネティズン」たちが革命を起こす

ネティズンとは何か

インターネットの出現により、現代社会は大きく変化しています。誰もが簡単に情報を発信することができ、また、求める情報を得ることもたやすくなりました。それにより、これまでの社会システムが大きく変化しようとしています。

一九九四年、アメリカのコロンビア大学の当時大学院生だったマイケル・ハウベン氏が「Netizens: On the History and Impact of Usenet and the Internet」という論文を公表しました。そのなかでハウベン氏は、「ネティズン（Netizen）」という言葉を造り出しています。市民を意味する「Citizen」をもじったこの造語は Net と Citizen という言葉を組み合わせたものであり、「インターネットコミュニティーを通じて、世界中の人々と交流する人」を意味します。つまり、インターネットが出現する前はごく狭いコミュニティのなかでしか生きていなかった人々が、幅広い情報に触れ見識を深めていくだろうとハウベン氏は述べているのです。

この言葉を情報学者である公文俊平氏が「智民」と表現しました。そして、インターネットの出現により情報化が進むなかで、智民たちが社会を大きく変化させていくだろうと唱えたのです。産業革命が起こった近代において市民が果たした役割を、現代社会においてはネティズンたちが担うに違いないと公文氏は言っています。ネティズンたちは産業革命に匹敵するような革命を起こし、社会を変革していくのだと予言しています。

ハウベン氏が論文を発表し、公文氏が智民という言葉を提唱した当時は、まだネティズンは珍しい存在だったかもしれません。そのため、この論文が発表された当時はこの概念が理解されず、一部の人にしか反響はありませんでした。しかし、現在においては多くのネティズンが現れています。特にインターネットが生活のなかに当たり前のように存在しているこの時代において、今の言葉でいうところの「デジタルネイティブ」である子どもたちは生まれながらにしてネティズンだといえます。

また、現在において、インターネットを利用して起業をしたり、新たなムーブメントを引き起こしたりする人たちも多くなりました。彼らのおかげで、以前では考えられないようなことが多く起きています。たとえばＳＮＳの出現により、自分の撮った写真を気軽に世界中の人と共有することができるようになりました。インターネットが普及する前は、マスメディアなどと接点がなければみずから情報を発信していくのはとても難しいことでした。

あるいは、Googleなどのツールによって情報を得る速度が格段に速くなっています。スマートフォンの出現によりそのスピードはさらに上がり、より便利になっていくでしょう。ハウベン氏や公文氏が唱えたとおり、確かにネティズンたちは現代社会に多くの変化をもたらしているのです。

現代の歴史を振り返ってみると、戦後以降、大きな産業革命は起きていません。もちろん、高度成長期においては車や電話、ファックスといった便利な道具はありましたが、それらの基盤となるものは戦前から存在し、時代や社会組織そのものを大きく変えるほどの影響力を持つものではありませんでした。

一九九五年にWindows95が一般化した後のインフラの変化は目覚ましく、生活は劇的に変わってきています。求めた情報は簡単に手に入り、積極的に発信することができる現代の生活は、インターネットが出現する前には考えられないでしょう。まさに、「情報革命」というべき、新たな革命を目の当たりにしています。そう、公文氏が唱えたとおり、ネティズンたちの出現により、私たちは今まさに、戦後初の経験をしているのです。

働き方は変化してきている

公文氏は「智民」という概念を提示するとともに「智業」という言葉も示しました。これは、企業や産業という言葉との違いを現すために公文氏が造った言葉です。

公文氏は企業を「世の中に求められ、販売されることを前提として生産される財やサービスを生産し、市場で販売し利益を上げようとする」ものだと定義づけました。

それに対し、「智業は世の中に求められている知識や情報を創造し、インターネット上などで普及することを通じて、知的な影響力を獲得しようとする」としました。つまり、現在インターネットを利用しソフトウェアを開発したり、サービスを提供したりすることを指すといえます。インターネットをインフラに智業が発達し、従来の狭いコミュニティではなく、世界中の人々と接することがたやすくなった現代だからこそ発展していくのです。

公文氏と先述したハウベン氏の主張で共通しているのは、智業を生業とする智民が増えることで、「働き方が変化していく」だろうということです。

従来の例を見てみましょう。企業に就職して働く人が多い場合、社員は皆、オフィスに通勤します。

そのため、どの地域にオフィスがあるか、ということが重要でした。

都市の中心に会社があるというのがひとつのステータスだったという時代は確かにありました。ひょっとすると、現在でもその感覚はあるのかもしれません。一例ですが丸の内まで出勤したいから、その界隈にオフィスを構える企業に就職する、仕事内容よりも通勤する場所に憧れるという人も存在していたはずです。

しかし現代においては、「どの土地で働くか」ということはあまり重要ではなくなってきているように思います。なぜなら、インターネットに接続さえできれば仕事ができる環境があるため、人々は好きな場所で仕事できるようになってきているからです。

つまり、闇雲に都市の中心部にオフィスを構えればいいというわけではない時代に差し掛かってきているのかもしれません。それよりも、各人のライフスタイルに合った場所で仕事をするほうが好ましいと考える人が増えてくるのではないかと私は考えています。つまり、「場所の価値」は変化してきているといえるでしょう。

智業が発展することで変化が起きているのはこれだけではありません。「労働」するうえでの「関係性」も変わってきています。

多くの人が企業に所属して働いていたときは、「資本家」と「労働者」という関係性がありました。労働する人は、資本を持つ人に雇われ、賃金をもらうという形が成り立っていたのです。

ところが、智業においては企業、つまり資本家に雇用される必要性がありません。インターネット上では世界中の人たちと取引でき、あえて企業に所属する意味がなくなってきています。だからこそ、従来では考えられないような方法で収入を得る人が増えてきているのだといえます。

情報化社会において、人々はさまざまな知識や情報をたやすく得ることができるようになりました。その結果、ひとくくりにはできない多様な価値観を持つ人が現れています。

以前であれば同じ時代に生きる人は、似たような人生の理想像を抱いていたかもしれません。たとえば、適齢期になれば結婚をし、子どもを二人持ち、ローンを組んで持ち家を手に入れるというモデルケースを実現するために、皆が一様に努力するといった具合にです。

ところが、現代の若者はさほど車に関心がないといわれています。持ち家を持つよりはシェアハウスで気楽に暮らしたいと考える人も少なくありません。価値観が多様化し、従来のルールや法律が時代に遅れてきている場合さえあるでしょう。これまでとは違う働き方が生まれるのも当然だといえます。

いずれにせよ、情報革命により大きな変化がもたらされる現在において、新たな働き方を模索する時期が訪れているのだと言えるのです。私たちは、現代社会において何が起きているのかを見極め、智民としてどう振る舞うべきかを見極めていくべきでしょう。

私はこれらのことを念頭に置き、「働き方」に対してある試みをしています。二章ではそれを詳しく見ていきましょう。

◆二章　ウェブインパクトにおけるノマド・ワーキング制度の導入

本社オフィスのない会社

私は今、ソフトウェアの開発を主幹業務とする会社を経営していますが、いわゆる本社オフィスというものがありません。社員の共有空間となるのは世界中に点在する「コア」と呼んでいる打ち合わせ拠点のみです。この場所は、どうしても顔を合わせる必要がある会議や打ち合わせなどで使用します。

弊社では基本的に会議はSkype*で実施をしています。週に一度、金曜日に私が参加する会議がありますが、それさえ全員が東京コアに集合することはほぼありません。Skype、チャットなどを使って、そのときに社員がいる場所から連絡を取り合います。私自身、Skype等で参加することのほうが多いのではないかと思います。もっと言うと、歩きながらSkypeで会議に参加したり、車の移動中にハンズフリーで打ち合わせをしたりすることも日常です。ですから、参加者は誰も相手がどこに

*SkypeはSkypeの登録商標です。

いるのか分かっていません。

このお話をすると、大抵の方に「思い切ったことをしましたね」と驚かれます。確かに、本社オフィスを構えない会社というのは、一般的にはまだ珍しいかもしれません。

けれど、私は以前から物理的なオフィスは本当に必要なのかという疑問を抱いていました。

百二十坪のオフィスを捨てるところから始まった

社会学を学んでいた大学院時代から私は、公文氏やハウベン氏の提唱していたように、いずれ時間や場所に制約されない働き方が当たり前になるのではないかとなんとなく感じていました。私が学生の頃はちょうどインターネットの黎明期でした。今後、このネットワークが発達していけば、もっと自由な働き方ができ、従業員の満足度を高められるだろう、という予感がありました。

大学在学中に私はソフトウェア開発を主軸とした会社を立ち上げ、その後、紆余曲折を経て飯田橋に百二十坪の本社オフィスを構えていました。あるとき、そのオフィスを捨てようと会議で決めたのです。

それはやはり、当初から念頭にあった「時間や場所に制約されない働き方」を実践するべきだと思ったためです。私たちはインターネットのうえで仕事をしている会社ですので、智民としてしかるべき振る舞いをしようと考えました。つまり、全社員が決まったオフィスに出勤し、定められた勤務時間のなかで仕事をするという働き方をやめることにしたのです。

そのため、本社オフィスを撤廃し、全社員をノマド・ワーキングに移行することに決定しました。ノマドとは、もともとは「遊牧民」を意味する言葉ですが、そこから派生して場所や時間を選ばない働き方をノマド・ワーキングと呼んでいます。

本社オフィスを捨てようと決めてすぐ、管理人に退室届けを提出しました。全社員をノマド・ワーキングに移行すると決めたものの、具体的なことは何も決めていません。オフィスを退去するまでの六か月で、ルールを含めノマド環境を整えていくことになりました。

まず最初に行ったことはクラウドサービスの環境を整えることです。先述のとおり、弊社の主業務はソフトウェア開発です。社員の大半を占めるエンジニアは、ほとんどの作業をパソコン上で行えます。開発で必要なプロジェクトの進捗管理は、クラウド上のサービスで行う体制を整えました。

これにより、どこからでも、遠隔からでも仕事ができるようになったのです。

そして、次に検討したのは「会議」を廃止すること。全員が会社に集まらなくてはならない機会をできるだけ減らすようにしました。これまで当たり前のように行ってきた会議を「本当に必要なものか」と精査した結果、先ほどお話ししたように私は週一度、金曜日の会議のみに参加しています。打ち合わせが必要な場合は、それぞれがチャットやSkypeでやりとりをしています。つまり、社員がどこにいるかは重要ではないのです。

オフィスを無くしたことのメリット

本社オフィスを無くしてから数年経ちましたが、現在は当初の目標通りほぼ全員の社員がノマド・ワーキングに移行しています。

この働き方に変えてみて、オフィスを物理的に一定の場所に固定する必要はほとんどないことが分かりました。もちろん、企業の登記など法的な側面においての問題はありますが、むしろ恩恵を受けることのほうが多いのです。

まずは金銭的なメリットが挙げられます。これまでオフィスの賃料に年間数千万円以上かかっていましたが、打ち合わせ拠点に縮小したことで四分の一程度に削減できました。また、社員の通勤費用も減るので、費用削減効果はこれ以上になります。ノマド化に投じた初期投資を含めて考えてみても、長期的な視点で見れば大きなコスト削減になります。

コストが小さくなった分を会社の利益に回してもよかったのですが、弊社では社員に還元することにしました。というのも、ノマド・ワーキングに移行したため、社員たちは自宅で作業することが多くなるからです。そのときにかかる光熱費やネット通信代金に充ててもらうため、給与とは別にノマド手当として月に二万円を支給することにしました。


このように、コストの部分でのメリットは大きかったのですが、それ以上に手ごたえを感じていることがあります。

それは、社員のワークスタイルの変化です。オフィスに通勤する必要が無くなり、物理的にも時間的にも自由になったので、それぞれのペースや生活スタイルに合わせて仕事ができるようになりました。

たとえば、ある社員はそれまでなかなか参加できなかった育児に積極的に関わるようになりました。自宅で過ごす時間が増えたため、家族との時間を増やすことができたのです。また、別の社員は海外を旅しながら、週に数日プロジェクトに関わるというスタイルを取っています。あるいは、地方にある実家に帰り、そこを拠点にしながら必要なときだけ上京する、というスタイルの社員もいます。私自身も、冬は大好きなスキーをしながら白馬の山奥で仕事をしています。花粉症の人が、症状が重くなるシーズンに花粉のない沖縄に行き、アパートメントで長期滞在しながら仕事に没頭するということも可能です。

全員に共通しているのは、きちんと仕事の成果を上げながら、プライベートも以前より充実しているということ。時間や場所に拘束されていたときよりも、仕事も生活そのものも満足度が高くなっているようです。

もちろん、この働き方は社員自身の意識も変える必要があります。ノマド・ワーキングは大きな自由が得られる反面、強い自己管理能力が重要です。

たとえば、期日が定められた仕事があった場合、その進捗管理はそれぞれに任せられます。きちんとスケジュール管理ができる人であればプライベートと仕事を両立させられますが、うまくバランスが取れない場合、休みも取れず、成果も出せない結果になりかねません。

勤務時間や勤務地が定められている場合は、おのずと会社にいる間は仕事をすることになりますが、何もかも自分で管理しないといけない状況になると、社員自身の努力も必要になってくるのです。

とはいえ、主体的に仕事に取り組める社員にとっては、ノマド・ワーキングはとても自由度が高く魅力的な働き方であるのに間違いないでしょう。弊社の実績を見てもそれはあきらかです。

さて、全社員ノマド・ワーキングという形を取ってみて、初めて気づいたことがあります。それは、これまでの労働環境は「場所至上主義」になっていたという事実です。毎日決まった時間に出社し、残業せず早く帰ることが正しい、という価値観に、私を含め誰もが知らず知らずのうちに縛られているように思います。

だからこそ、たとえば台風や大雪などの災害で帰宅できなくなるかもしれない場合でも皆が思考を停止してオフィスに行くという現象が起きるのでしょう。現在では、インターネットがあれば自宅でも仕事ができる人は少なくありません。その環境にあるにもかかわらず「オフィスにいることに意味がある」という考え方は現在においては大きくズレたものになってきているのではないかと感じます。

この考え方でいえば育児中などにおける時短制度も疑問が残ります。社員の負担を減らすという考え方はいいのですが、その方法として勤務時間を短縮するというのは、現状とはあまり合っていないのではないかという気がします。インターネットがこれだけ発達しているのですから、もう少し柔軟に在宅勤務を推奨するなどの方法があってもいいように感じています。

どんな場所でも仕事はできる

とはいえ、やはり脱場所・脱時間の働き方が一般的になりつつある現在、「プライベートと仕事のメリハリがつかない」「オンとオフの境界が曖昧になる」という意見も出てきています。

フランスでは、労働者は勤務時間外にはメールを読まなくてもいいという法律が二〇一五年五月に成立し、二〇一六年一月一日に施行されました。また、日本でも新入社員が過労死するような問題を受けて、管轄官庁が動いたり、自主的に残業時間を制限するような事例も目に付きはじめました。

このような長時間にわたる労働は確かに難しい問題だと思います。いつでも連絡が取れ、どこにいても仕事ができるようになると、働き過ぎてしまうのではないかと懸念する人は少なくないはずです。だからこそ、フランスでは法律が施行され、日本でも残業時間が制限されるという事態が起こるのでしょう。

しかし、私はこれらのことは、働き方が変化するなかでの極めて過渡的な事態ではないかと考えています。というのも、とてもシンプルな結論になりますが、仕事をするかどうかは働く人が決めればいいことだからです。

これまで述べてきたとおり、インターネットが発達した現代においては働く時間は自分で設定できます。わざわざ法律として定めなくても、勤務時間外にメールを読みたくなければ読まなければいいのです。もちろん、医療関係の仕事や学校の先生など、人を相手にする仕事の場合はなかなか難しいと思いますが、民間のホワイトカラーと呼ばれる職種に就いている人に関していえば、仕事の裁量を持っているのは究極的には自分自身です。

それではなぜ、このように働き過ぎてしまうという懸念が生じるかといえば、私は仕事を発注する側に問題があるのではないかと考えています。皆が自覚しているかどうかは別として、仕事の現場では「お金を出す発注者のほうの立場が上」という感覚があるように感じるのです。

たとえば、発注者が受注者にパワーハラスメントのような態度で無理難題を言いつけたり、ギリギリのスケジュールで仕事を依頼して当たり前という感覚でいたりすれば、確かに受注者側はブラック企業と言わざるを得ない労働環境に陥ってしまうでしょう。

実際、いくつかの企業において社員がなぜ社会問題になるほど無茶な働き方をしていたかといえば、クライアントの要求に全て応えていたことが一因ではないかと考えられます。弊社のようなソフトウエアの開発会社でも、営業部門が発注者の要望を何から何まで聞いてしまうと、苦労するのはそれを開発するエンジニアだったりします。発注者から無理な注文をして当然という高圧的な態度を取られれば、受注者も反発心を抱いて当然です。それにもかかわらず、受注者側にもどこかに「発注者のほうの立場が上」という感覚があるせいで、仕事を断るのが難しいという場合も少なくありません。

このような受発注の関係性が固定化してしまうと、受注者が休日に仕事をせざるを得ない状況になりますし、もちろん当人は嫌な気分になってしまいます。従って、休日に働いたのだから、その分の給与を出してほしいと思うのは当然です。

このような状況を打破するためには、発注者の意識を変える必要があるでしょう。仮に無理のある仕事の依頼をしたとしても、発注者が受注者の立場を尊重した頼み方をすれば、受注者の受け取り方も変わるでしょう。いわば、「発注者の品格」とも言うべきものによって仕事に対する感覚は変化します。

つまり、脱場所・脱時間の働き方をするためには、発注者と受注者が対等の立場になることが大切だと私は考えています。発注者は受注者の技術力に敬意を払い、受注者も無理を言われたらきちんと断れる関係性を作ることで、時間や場所にとらわれない働き方ができるのです。

私の知人にあるIT企業で活躍する方がいます。彼女は、大変忙しい時期にお子さんの運動会が重なってしまったのですが、子どもの出番以外は外のテーブルでパソコン作業をしていたのです。

人によっては「子どもの運動会の最中に仕事をするなんて」と言うかもしれません。しかし、私は決してそれをおかしなことだとは思いませんでした。どこでも働けるという仕事の「モビリティ」が確保されていなければ、この方はお子さんの運動会に来られなかったかもしれません。この場合、仕事の「モビリティ」はこの親子の関係を助けたと理解できます。大事なのは、いかに仕事とプライベートのバランスをとるかということです。どの場所で仕事をするか、というのはあまり意味がないのです。

仕事も人生も楽しむための工夫

このように、ノマド・ワーキング制度はどんな場所にいても仕事ができるというのが特長です。毎日のようにオフィスに出勤し、時間にも場所にも縛られているときよりもずっと自由で豊かな人生が送れるのです。

私自身の例になりますが、私はスキーが大好きです。冬になれば白馬やニセコに赴き、朝からスキーを楽しむ生活を送っています。家族と一緒に過ごし、のんびりと温泉に入った後、仕事に取り組むことができます。オフィスで働くことを強いられていると、なかなかこのような時間は持てません。現役で仕事をしているときは多くの楽しみを我慢して、定年後に趣味を楽しもうと思うのが一般的な人生だったかもしれません。

しかし、ノマド・ワーキング制度を取り入れた今は、趣味も仕事も家族との時間も何も諦める必要がなく、全てを全力で楽しもうと思えるのです。

先ほどのスキーの話ですが、現在四十歳の私があと四十年元気でいられると仮定したとしても、スキーを楽しめるのはあと四十シーズンしかありません。

しかしノマド・ワーキング制度であれば、日本国内ではなく海外であっても働くことができます。仮に、南半球のニュージーランドに行けば季節が逆転していますから、八十シーズンは滑れるはずです。

もちろん、海外に行くには移動時間が長くなりますが、それさえも無駄になりません。Ｗｉ－Ｆｉさえ繋げば、飛行機のなかでも仕事ができるのですから。そう考えると、とても明るい気持ちになります。働く場所に縛られなくなるというのは、人の考え方や人生観さえ大きく変えるということなのです。

とはいえ、あえて一点問題を挙げるとすると、子どもがいる場合です。大人にはどんな場所でも働ける自由があったとしても、学校に行かなくてはならない子どもはなかなかそういうわけにいきません。もちろん、社会で生活をするうえで規則正しい生活を送ることは非常に大切ですし、決して学校に行かなくてもいいと言っているわけではないのです。

しかし、親は好きな場所に移動ができるにもかかわらず、子どもは学校に縛られているというのは少し不自由に感じられます。休まず学校に行くと、皆勤賞がもらえて褒められるという価値観は、少し視野が狭くも思えるのです。

たとえば、毎日学校に行き、定められた授業を受けるのと、家族と一か月間海外に行き、異文化に触れたり自然のなかで刺激を受けたりするのとでは、子どもにとってどちらがいい勉強になるのかといえば、学校に行くほうがいいとは一概にはいえません。とはいえ、私のように仕事においては脱場所主義といった考え方を持っている人間であっても、子どもに学校を休ませるのはやはり抵抗があります。

世界中を移動しながら教育を受けている人は意外に存在しています。たとえば、F1レーサーは一年中、世界のあちこちでレースをしています。彼らのなかには、家族と一緒に世界中を転戦している人もいるので親と行動を共にしている子どももいます。そのような子どもたちには家庭教師がつき、勉強を教えてもらっているのです。

もちろん、このような例はかなり特殊ではあります。金銭的にも相当余裕がないと難しいでしょう。それに、現在の日本がこれほど識字率が高いのは、やはり義務教育があるからこそです。今の教育に意義があり、重要なのは間違いありません。ただ、もう少し柔軟性があってもいいのではないかとも思います。当然のことながら、親の娯楽に付き合わせるために学校を休ませるというのでは意味がありませんが、教室の外でさまざまな経験をさせるのも貴重なことであるはずです。

これだけインターネットが発達しているのですから、大人が今日どこでも仕事ができるのと同じように、子どもにも同様の自由があってもいいのではないでしょうか。今後、子どもの移動性（モビリティ）についてはもう少し議論されてもいいのではないかと思います。

仕事をするのは海外でもいい

中国・蘇州コアの設立

さて、このように国内で働くことにさえこだわる必要がないノマド・ワーキング制度ですが、この制度を導入した弊社では、すでに中国の蘇州にも拠点を作っています。

蘇州コアと呼んでいる拠点は、上海から車で1時間半ほど内陸に行ったところにあります。なぜ、海外に拠点を作ることになったかと言えば、社員の一人がノマド・ワーキング制度を利用して、中国で働くことになったからです。

もともと弊社には、東京のオフィスで働いていた中国人エンジニアがいました。しかし、ノマド・ワーキング制度を導入した際、彼から中国に帰りたいという申し出がありました。

会社としては、仕事をしてくれれば働く場所はどこであっても構いません。けれど、せっかく海外で働くのなら、地元のエンジニアを募集してもいいのではないかというアイディアがわきました。現在では、十人ほどの若いエンジニアが蘇州コアで働き、もともと東京に勤務していた社員はコアリーダーとして活躍しています。

海外に拠点を作るというと少し大げさな話に思えるかもしれませんが、実際は社員がノマド・ワーキング制度を利用して故郷に帰っただけのことです。他の社員がしていることとまったく変わりません。ノマド・ワーキング制度を利用すれば、仕事をするのに国境さえ関係がなく、自由に移動ができるのです。

とはいえ、課題がないわけではありません。やはり問題になるのは法律や環境の部分です。日本と中国ではインターネット事情が違います。中国では多くの米系インターネットサービスが当局の規制により利用できません。また、税金や保険をどうするかというところにも法律が追いついていません。どんなにテクノロジーが進んでも、現状では政治や法律の問題が立ちはだかっています。

しかし、そのような状況であっても、人間は自由に移動し、インターネットは、国境を簡単に超えるのです。

マレーシア・クアラルンプールの拠点

ノマド・ワーキング制度をさらに拡充させるため、また海外で2か所となるノマド拠点の確保のため、弊社は二〇一六年からマレーシア・クアラルンプールでUNLOCK DESIGN INTERNATIONAL SDN BHD（本社マレーシア・クアラルンプール、代表者：山口清三）と業務提携し、同社が運営するシェアハウス＆教育イベントスペース「AWAY HOUSE」を活用することになりました。

そもそも私がこの場所を訪れたのは、マラヤ大学でビッグデータというテーマでハッカソンがあったことがきっかけです。ハッカソンに参加しながら、「AWAY HOUSE」に集まる日本からの留学生やインターンと交流を持つ機会がありました。

写真①　クアラルンプールでのハッカソンで審査員をする著者と参加者

「AWAY HOUSE」には非常に熱心で優秀なインターン中の学生が集まっています。彼らと議論を交わしたり、仕事の話をしたりすることで、これまでにないアイディアが生まれるように思いました。それはとても興味深い化学反応であり、もしもこの場所にプロフェッショナルである弊社のエンジニアを連れてきたら、双方に良い刺激があるのではないかと考えたのです。

そこでノマド拠点としてUNLOCK DESIGN社と提携することにしました。弊社の社員が現地に行ったときは宿泊費を会社が持ち、社員はノマドの運営のなかで「AWAY HOUSE」を利用してもらいます。シェアハウスのなかでプロフェッショナルである弊社のエンジニアと学生たちが出会ったとき、どんな新しいものが生まれるのか、大きな期待を寄せています。

後述しますが、もともと弊社の国内のノマド拠点では「地方×IT」のコンセプトのもと、産学官連携やハッカソンの運営、テクノロジーに関する教育などに力を入れていて、実績も出してきました。

このマレーシアでの提携により、海外への活動を展開することで弊社社員に新たな「気づき」の提供や、新しい体験型の働く環境の提供に力を入れていきます。

今後は、弊社のクラウドサービスの現地での展開をプログラム化して学生インターンに提供することで、当該サービスの海外での市場調査などを体験できる学びの設計も検討しています。

オフィスがないことに対する問題点

ここまで、ノマド・ワーキング制度についてお話しました。実際に運営をしてみて、この制度はとてもメリットが多いものだと感じていますが、やはり問題点はいくつか挙げられます。

最初に挙げられるのは、来客があったときどうするかということです。弊社では打ち合わせ用の「コア」と呼ばれる拠点は各地にありますが、決して広いスペースではありません。そのため、来客時間が重なってしまうと、ミーティングも打ち合わせもできなくなってしまいます。

写真②　弊社ノマド拠点の提携シェアハウスの談笑部屋

しかし、この部分に関してはノマド・ワーキング制度以前の問題として、そもそも顔を合わせて打ち合わせをする必要があるのかということを真剣に考えるべきではないかと思います。弊社で行われている会議と同様、Skypeでの打ち合わせで十分お互いの意図は伝わります。それに、お互いに移動コストもかかりません。

もちろん、どうしても顔を合わせて話をしたいという人もいるとは思いますが、その考え方自体が古くなってくるのではないかと思います。本当に会って話すことと、ネット上で話すことは大きな違いがあるのでしょうか。

そして次に、インターネットの発達に対して行政や法律の対応が遅れているという点が挙げられます。たとえば、会社の登記簿には本社住所を記載しないといけません。もちろん、記載しなくていいと簡単に決めてしまうとペーパーカンパニーを作りやすくなるという問題があるのかもしれないのですが、本社がないと会社を立ち上げられないというのは、インターネット社会において今後問題になってくる気がします。

そもそも、本社（場所）がないと事業が始められないというのは、私にとっては「ハラスメント」にさえ聞こえてしまいます。今は資本金が一円でも法人が作れるわけですから、場所が必要というのもおかしな話です。

登記と同様、「場所至上主義」なものにプライバシーマーク制度があります。これは、個人情報の保護を目的とした制度で「日本工業規格『JIS Q 15001個人情報保護マネジメントシステム—要求事項』に適合して、個人情報について適切な保護措置を講ずる体制を整備している事業者等を認定して、その旨を示すプライバシーマークを付与し、事業活動に関してプライバシーマークの使用を認める」ものです。

弊社でもここ十年ほど更新していますが、机には鍵をかける、机には書類を出さない、入退室をチェックするなど、決められていることが全て場所に依存しているのです。そもそも、今では書類やフアックスといった紙の資料が不要になりつつあるように思います。全体的にルールが古く、時代に追いついていないのではないか、というのが私の感想です。

もし本社の住所を無くしても、プライバシーマークを取得するためにわざわざ本社を構えなくてはいけないというのなら、それはナンセンスな話です。同様に、せっかくペーパーレスにしても紙の保存が義務づけられているとしたらどうでしょうか？

現在の行政や法律は、前近代的な考え方のまま止まってしまっている気がします。会社に本社はあって当たり前、社員は毎日オフィスに通勤するものだ、といった部分で思考停止していて、社会のイノベーションを阻害しているように思えるのです。これでは、場所に依存する現在の働き方から脱するのは難しいと思います。社会の変化に合わせ、法律や行政サービスも変わっていくべきではないかと考えています。

また、現在の労働基準法に照らし合わせると、私が唱える「脱場所」という概念はなかなか解釈が難しく、オフィスがないことがネックになる場合もあるようです。たとえば、オフィスに勤務しているときに怪我をした場合、労災を申請できますが、ノマド・ワーキング制度を利用し、自宅や好きな場所で仕事をしていた場合、それが勤務中に起きたことなのかを証明するのが難しいように思います。

私が昔から頼りにしている、労務の専門家である黒部得善氏[1]（社会保険労務士）に忌憚のない意見を伺ったところ、現行の労働基準法は、昭和二十二年に工場や炭鉱労働者向けに作られたものであり、被用者は使用者の指揮命令下に置かれることを前提としているといいます。そのため、労働時間や労働環境に対しての取り決めがされているのです。

しかし、社会が複雑になった現代において、製造業や工場における働き方を念頭に置いた労働基準法は、現状に合っていないと黒部氏は言います。たとえば、労働基準法ではパートタイム労働や正社員比率などについてを想定していません。サービス業という概念もなく、平成二〇年に判決が下された日本マクドナルド割増賃金請求事件によってようやくサービス業向けの働き方について通達が出さ

1　黒部 得善氏
リーガル・リテラシー社長、社会保険労務士。

一九七四年生まれ。明治学院大学法学部卒業。九七年社会保険労務士取得。社会保険労務士大野実（東京社会保険労務士会会長）に師事。その後、日立国際ビジネスにてITコンサルティングに従事。二〇〇二年にリーガル・リテラシー設立。

辞めそうな人や儲からなくなるお店を発見するタイムカード解析サービス「ロームセキュリティ」や、A3用紙一枚で就業規則等を整理し労務を〝見える化〟する「契約書ナビ」など、実践で使える労務管理運用手法の開発を行い、主に飲食店・アミューズメント施設・小売り等の多店舗ビジネスの労務運用サポートを専門的に行う。講義形式で労務の勘所を教える「労務のミカタ塾」を主催する。

主な著書に「お店のバイトはなぜ1週間で辞めるのか」『就業規則がお店を滅ぼす』（共に日経BP社）

れました。

繰り返しになりますが、現行の労働基準法は、被用者は使用者の指揮命令下に置かれることを想定しています。つまり、仕事で成果を挙げたかどうかよりも、どれだけの時間、定められた場所で働いていたかということが重視されるのです。労働基準法において「働いた場所」という概念が中心になっていると考えれば、自然なことかもしれません。

しかし、それは弊社の導入したノマド・ワーキング制度とは全く逆の考え方です。ノマド・ワーキング制度では仕事の成果さえ挙げれば、どこで仕事をしてもよく、どれだけ時間がかかったかも関係ありません。使用者が被用者がどこにいるのか把握していない状況では、被用者が使用者の指揮命令下にあると言えるのか疑問です。

この状況は、使用者と被用者の関係が良好であれば特に問題はないでしょう。しかし、もし被用者が自分の好きな場所で仕事をしていたときに事故などに遭った場合、それが勤務中だときちんと認められ、労災認定されるのでしょうか。

黒部氏は、弊社のような働き方は業務委託契約をベースにしているのだという考え方をすべきであると助言しています。一般的にシステム開発の業界は元請け下請け孫請けなど、かなり階層の深い業界とされています。弊社では結果的にこの深い階層構造をすべて自社内で持っているということになります。つまり、弊社の社員に対する仕事の振り方が、納期が設定されていて遂行方法は自由な業務委託と同様である、ということです。とはいえ、被用者の取りうる権利を確保するために、雇用契約を結んでいて社会保険に入っているため、労災を受けられるのだといいます。

このような解釈はすでに判例もあります。平成十四年に高等裁判所で判決が出た新宿労基署長遺族補償費不支給処分取消事件を例に挙げてみましょう。

この事件では、撮影技師（カメラマン）が映画撮影中に脳梗塞を発症して死亡しました。撮影技師の遺族は、撮影技師が死亡したのは映画撮影の業務に起因する、として労災保険に基づいて遺族補償給付等の支給を請求しました。しかし、撮影技師は労働基準法に規定する「労働者」ではないとの理由で不支給処分を受けたため，その取消を求めた事案です。

判例では、「形式的には雇用契約ではなく委任あるいは請負契約であったとしても、総合的実質的に判断して使用従属関係の下に労務を提供していたとの関係があれば、甲は労基法9条の『労働者』に該当する」とし、遺族補償給付等不支給決定を取り消しました。

つまり、実質的に被用者が使用者の指揮命令下に置かれていると考えられるのであれば、労災保険を受け取れるという解釈です。使用者が被用者に対して「この仕事をしてほしい」と依頼したのであれば、被用者は、立場がフリーランスであっても、あるいは委託されたにしても、「労働者」だということです。

この状況から、事業場外労働に関して「みなし労働時間制」が改正されました。これは、事業場外で業務に従事した場合、労働時間を算定しがたいときには、所定労働時間労働したものとみなさるというものです（第三十八条の二）。

みなし労働時間制の適用要件はふたつあります。ひとつ目は、「事業場の外で労働がなされること」です。労働の一部が事業場外で行われ、残りが事業場内で行われる場合は、事業場外での労働についてのみ、みなし計算がなされます（昭六三．三．一四基発一五〇号）。

ふたつ目の要件は、「労働時間を算定しがたいこと」です。これは使用者の具体的な指揮監督や時間管理が及ぶか否かなどにより判断されます。このなかで、無線やポケットベルを持ち、使用者と連絡を取れる場合、つまり指示を受けられるのであれば要件は満たさないとしています。当時、携帯電話やメールはまだ普及していなかったため、このような要件となりました。

しかし、このふたつ目の要件により、みなし労働の要件は少々いびつなものになってしまったと黒部氏は指摘します。というのも、現代ではほとんどの人が携帯電話を所持し、どこにいてもメール等のやりとりができるため、すぐに連絡が取れるのは当たり前だからです。

弊社のようにオフィスがない場合、社員はどこにいても仕事ができます。そのため、極端なことを言えば、地球の裏側にいても働けます。しかし、実際は社員がいつ仕事をしているか分からないにもかかわらず、メールや携帯電話ですぐに連絡が取れるという理由から、みなし労働制の適用対象にならないということになります。

本来であれば、この改正はとても自由度の高いものでした。被用者が使用者の指揮命令下にありさえすれば、みなし労働が適用されるはずだったからです。しかし、ふたつ目の要件によって、やっかいなことになってしまいました。いつの間にか、被用者が使用者の管理下に置かれているかという話に置き換わっているのです。

黒部氏は、「現状の労働基準法と向き合うとき、古いものだといっても始まらないと考えている。では、労務とは何かといえば、会社が指揮命令する権利を買って、対価として賃金を支払うという、とてもシンプルなものだ」という考えを述べられました。

確かに黒部氏が言うように、労務とは本来、分かり易いものであるはずです。これからの時代、弊社のようにオフィスのない会社が増えたり、より自由度の高い、つまりそれは、脱場所・脱時間の働き方が実践されていくなかで、しっかりとデジタルネイティブのコミュニケーション方法を踏まえた立法がのぞまれるところです。

◆三章　ノマド制度と地方創生

地方創生の現状

さて、ここまで弊社で実践しているノマド・ワーキング制度について述べてきました。お伝えしてきたとおり、この働き方は場所や時間に縛られません。そのため、会社にこの制度を導入してから、次第に地方の活性化にも役立てることができるのではないかと思うようになりました。

実際、私は今、弊社での経験を活かし、地方創生に向けての活動を始めています。その具体的な実例を挙げる前に、地方創生の現状について見ていきましょう。

現在、地方の人口が減っていることが大きな問題となっています。少子化に加え、若者が仕事を求めて都市に出ていくため、東京一極集中という現象が起こっているのです。そのため、地方の経済は停滞し、さらに人が減るという悪循環に陥っているのは周知の通りです。

地方自治体の首長にお会いすると大抵の場合、その地域になんとか住民票を残したい、そのための努力は厭わないというお話を伺います。多くの地方の町や村では、転出者と転入者を比べると、圧倒的に転出者のほうが多いのです

なぜこのような現象が起こるかといえば、地方には働く場所がない、仕事がないということが一番に挙げられます。

私も仕事で地方を回る機会が多いのですが、やはりそのことを実感せざるを得ません。どこでも大抵の場合、冠婚葬祭に関連する企業は見られますが、それ以外では役所にまつわる業務、もしくは農業に携わるくらいしかないというのが個人的な印象です。

もちろん、これらの仕事に就ければいいのですが、その地域に住む若者全員が就業できたり、都会にいる人を呼び寄せられたりするほど大きく経済を回せるわけではありません。だからこそ、仕事を求めて多くの人が地方を離れてしまうのです。

しかし、都市に住んでいる人が皆、ずっとこれまでと同じ生活を続けたいと考えているかと問われると、そういうわけでもないのです。今は都市にいるものの、いずれは生まれ育った場所に戻りたいと考えている人や、自然が豊かな地方でゆったりと暮らしたり子育てをしたいと願う人は少なからず

存在しています。

そこで問題になるのは、やはり仕事です。生活するための手立てがないために、地方に住むのを断念し、都市に住み続けることになるというのが現状なのです。

このように、地方に仕事が少ない、人口が減っているという状態に陥っているのは、決して最近のことではありませんが、政府が地方創生に向けて動き始めたのはここ数年になります。

それまで、国が地方を活性化させるために行ってきたのは、たとえば公共事業を増やす、助成金を交付するといった取り組みです。この方法はすでに限界が見えているといわざるを得ません。

というのも、公共事業に取り組んでも、確かに工事をしている最中は一時的には仕事が増えるのですが、あくまで一過性のものであり、継続的に発展させていくことが難しいからです。そもそも、現在はさまざまな場所で工事をして施設が増えた結果、これ以上は必要がないというところがほとんどです。すでに、公共投資をすべき事案はほぼ済んでいるのではないかとも考えられます。

また、助成金を交付するにしても、ばらまき行政だと批判されがちです。古い話になりますが、一九八八年時の竹下内閣は、「ふるさと創生」として地方交付税のかたちで全国の市町村に一億円をばらまきました。使い方は自由とされましたが、あまり有効に使われなかったという例があります。

その場しのぎの対策は取るものの、長期的な視野に立って地方での仕事を増やす、人口を増加させるという取り組みは、後手に回っていました。

これらの状況を見た日本創生会議・人口減少検討分科会は、「二〇四〇年には若年女性の流出により全国の八百九十六の自治体が消滅する可能性がある」と指摘しました。

この「消滅可能性都市」の発表は賛否両論あるものの、大きな反響をもたらしました。政府もこの事態を重く見て、二〇一五年、地方創生を目指し「まち・ひと・仕事創生総合戦略」を決定しました。東京一極集中を是正するため、(一) 地方における安定的な雇用創出 (二) 地方への新しい人の流れをつくる (三) 若い世代の結婚・出産・子育ての希望をかなえる (四) 時代にあった地域づくり、を基本目標に掲げました。

これを受けて、現在は多くの地域で地方創生に向けてさまざまな試行錯誤が行われています。この状況のなか、ノマド・ワーキング制度は大きな注目を集めているのです。

ノマド・ワーキング制度による地方創生

さて、改めてノマド・ワーキング制度におけるメリットを考えてみましょう。これまで何度も挙げてきましたが、やはり一番のメリットは働く場所や時間に縛られないということです。自分の好きなところで都合のいい時間に仕事ができるのは非常に便利でしょう。

また、仕事がない地方でも問題なく働けるという部分も大きな利点のひとつです。特にソフトウェア関連の仕事は、地産地消である必要がありません。たとえ、その場所に働き口がないとしても、東京で依頼を受けて地方で仕事ができるのです。

つまり、ノマド・ワーキング制度は地方創生にとても合った方法だといえます。

弊社ではすでに全国に拠点となる「コア」が数か所ありますが、そこに所属する人たちは皆、現地採用を基本としており、転勤はありません。やはり、その地域に愛着を持っている人に働いてもらったほうが、生活と仕事いずれも充実するのではないかと考えています。

もちろん、現地採用だけでなく、もともと東京の会社に勤務されていた方がUターンしたという例もあります。

弊社が、秋田県五城目町に事業所を立ち上げた際のことです。東京で働くエンジニアの夫婦が、弊社を訪ねてきました。お二人とも秋田県五城目町出身で、大手システム会社に勤務されていましたが、実家に帰りたいという相談を受けたのです。やはり、子育てをするのなら東京よりも自分の生まれ育った場所のほうがいい、これから先、ずっと都心に勤務するのは子育ての環境としても好ましくないとのことでした。

しかし、いざ帰ろうとしても、当時、五城目町にはソフトウェアの会社が存在しませんでした。そのためエンジニアとしての仕事がなく、生活する手立てがないことに悩んでいました。

そこで、弊社の五城目コアはどうかと勧めました。このご夫婦にとっては実家も近く、東京にいるよりもいい環境のなかで仕事ができるからです。

また、別の件では介護をしなくてはならなくなり、鹿児島に帰らないといけないという方からも相談を受けました。通常であれば遠距離介護になったり、会社を辞めたりすることになったかもしれませんが、ご実家で弊社の仕事を手伝ってもらうことになりました。

いずれの例もソフトウェアの会社がなく、仕事がない地方でもきちんとこれまでの経験を生かし、活躍されています。ノマド・ワーキング制度により、地方でも働けるという実例です。

考えてみれば、働く場所に縛られすぎていたこれまでのほうが少しおかしかったのかもしれません。インターネットがこれだけ発達しているのですから、今後はもっと好きな場所で働くという方法が広がるのではないかと思います。

地方自治体もこの働き方に注目し、ＩＴ企業を誘致する動きも出てきています。後述しますが、徳島県神山町などは、山間地域にも全域、光ファイバー網が整備されています。そのため、ＩＴ系ベンチャー企業が相次いでサテライト・オフィスを開きました。多くの企業や自治体から注目され、地方創生の成功例とされています。

さて、ここまでノマド・ワーキング制度が働く人と地方自治体にとってメリットのあるものだという例を見てきましたが、企業の側からしても多くの恩恵を受け取れます。というのも、近年盛んに行われている海外オフショア拠点の開設よりもコストがかからず、スムーズに仕事をこなせるからです。

オフショアは、人件費や事業コストの安い新興国に仕事を移転することで、開発コストを削減するために多くの企業が利用しています。

確かにオフショアはうまくいけば、大幅なコスト削減が見込めます。しかし、言葉や時差、習慣の違いから行き違いが生じやすいという場合も少なくありません。現地のエンジニアが日本語の仕様書が読めず、かえって時間がかかってしまったという例もあります。意思疎通をスムーズにするために通訳を介したり、日本の文化を伝えたりする結果、かえって費用や手間がかさんでしまうデメリットもあるのです。

それに対して、ノマド・ワーキング制度を利用すれば、国内で仕事が完結し時差や言葉の問題が生じることがありません。

働く人には、希望する場所でしっかり仕事をしてもらい、企業は安心して業務を任せられます。そして、人口減少に悩む地方には人が集まってきます。つまり、働く人、地方、企業、いずれにもメリットが生じるのがノマド・ワーキング制度だといえるでしょう。

徳島県神山町の事例

さてここで地方創生の成功例として徳島県神山町について見てみましょう。

本書でもすでに少し触れていますが、人口約六千百人の神山町は、もともと人口減少や高齢化に悩む典型的な過疎の町でした。当然、老朽化した空き家も多く、地方の市町村が抱える問題が多くありました。

しかし、二〇一一年度には初めて転入者が転出者を上回り、メディアに取り上げられる機会も少なくありません。「ＩＴの町」「移住の成功例」として多方面から注目され、ここ数年でたくさんの企業が神山町にサテライト・オフィスを開設しました。移住者も多く、日本中から視察が訪れています。

写真③　徳島県神山町の風景（1）

神山町がこのように再生した背景には、特定非営利活動法人グリーンバレーの存在があります。二〇一四年に設立されたグリーンバレーは、「日本の田舎をステキに変える」を合言葉に、アーティスト・イン・レジデンスや神山塾、サテライト・オフィス誘致など移住支援を軸とした事業を主に手掛けています。

理事長である大南信也氏は神山町出身で、グリーンバレーの前身である「国際文化村委員会」の設立から関わっています。大南氏は多くの町づくりのアイディアを実践してきました。

グリーンバレーの活動はまず、毎年三名のアーティストを神山町に招待する「アーティスト・イン・レジデンス」という制度から始まりました。

これは、有名アーティストの作品を展示して観光客を誘致するのではなく、世界中のアーティストが作品を作りに来る場所を提供するという制度です。こうすることで、神山町という場所そのものの価値を高めようとする狙いがありました。

アーティストの滞在が始まると、外国人を含む移住者が少しずつ現れ始めました。その対応をしていくうちに、グリーンバレーには移住支援のノウハウが蓄積されていくようになったのです。

神山町のありのままの日常を伝えるというコンセプトのWebサイト「イン神山」を開設したところ、潜在的な移住希望者が意外に多いことが分かりました。しかし、移住希望者はいても神山町で継続的に続けられる仕事がありません。そこで、二〇〇八年に田舎でもできる仕事で、さらに町にとって必要な職種や働き手を逆指名し、移住を呼びかけるという「ワーク・イン・レジデンス」を開始したのです。

人を呼びこむシステムを作り出すと、次第に人が別の人を誘って神山町を訪れるという流れが生じました。その後、空いている古民家を改装して都市部の支店としてオフィスを構える「サテライト・オフィス」という形が作られました。もともと、徳島県知事がＩＴ分野に詳しく、二〇〇〇年半ばから光ファイバー網を県内全域に整備していて、光ファイバーの普及率が全国一位という背景がありました。

写真④　徳島県神山町の風景（2）

その結果、多くのベンチャー企業が神山町にサテライト・オフィスを開くようになりました。

そのなかでも、クラウド名刺管理サービスの提供を手掛けるSansan株式会社は、いち早く神山町に「神山ラボ」を設立しました。

私も何度か神山町を訪れたのですが、この町が素晴らしいと思ったことがふたつあります。

まずひとつ目は移住者たちが町のなかでビジネスを興し、その生態系が神山町のなかで成り立っているということです。ソフトウェア関連のエンジニアたちは東京で受注した仕事を神山町で行います。そして、移住者と現地の人の交流が始まり、現地のコミュニティが回り始めます。

すると、町を訪れる人を対象にしたシェアハウスやホテル、レストランが作られます。そこで新たな仕事ができ、現地の人が採用され、働くようになります。そしてレストランや宿泊施設が話題を呼び、地元以外の人が訪れるといった循環が生まれ、地域の経済が回っていくのです。

そして、ふたつ目は豊かな自然です。以前、妻と息子を連れて一週間ほど神山町を訪れたことがあります。私は、東京にはない美しい自然に癒やされ、ゆったりとした気持ちで仕事に取り組めました。そして息子は、現地に住む移住者の方と遊んでもらい、川で魚釣りやサワガニ採りを楽しみました。こういった経験は、東京ではなかなかできません。夏休みなどの長期休暇でも、よっぽど入念に計画をしないと難しいでしょう。もちろん、息子は大喜びでした。

私は東京出身なのですが、神山町にある美しい自然や味のある古民家は、どれも都市部にはないものので非常に素晴らしい財産だと思います。これほど魅力的な場所が国内にあるのなら、ハワイなど海外に移住するよりも、言葉や時差の問題がない四国に住んだほうがいいのではないかとさえ感じられます。

けれど現地の人たちからすると、私を魅了したそれらはごく当たり前のものであり、変哲のないものに過ぎません。あえて外部の人たちにアピールするものでもないと考えているのです。というよりも、それらに素晴らしさを見出す人がいるということにまったく気づかず、地域外の人に訴えかけようとさえ思っていません。これは、地方創生を考えるうえで大きな「気づき」となります。

地方の魅力は外部から見出すべき

おそらく、地方の市町村には、神山町と同じようにたくさんの魅力的なものが秘められているはずです。しかし、それらは多くの場合見過ごされているのが現状です。なぜなら神山町の場合と同様に、都市部に住む人を魅了するものたちは、地元の人からするとありきたりのものに過ぎないからです。

神山町を訪れた後、私は自分の会社の拠点を構えるために秋田県五城目町にも行きました。そこには、神山町と同じような古民家や豊かな自然、アートなどがごく当たり前のように存在しています。それらをうまく活用したら、五城目町も神山町と同じように再生されるのではないかと考えています。

それらは外部の人が気づくまで誰にも発掘されず、日常のなかにあるものとして利用価値さえ見出されていませんでした。うまくアピールさえできれば、多くの人が移住する可能性があるにもかかわらずです。せっかく素晴らしいものを持っているのに、とてももったいない状態になっているのです。

以前、渋谷がビットバレーと呼ばれていた頃、多くのベンチャー企業が渋谷に集まりました。デザ

写真⑤　五城目コアの窓から外を見た風景

イン性の高いビルが多く立ち並び、原宿や青山、表参道にある洗練された文化やアート、あるいは古くから続く歴史的な側面といった渋谷の若者の文化が注目されたのです。

とはいえ、渋谷は新しい事業を興すには土地や家賃が高く、ベンチャー企業が拠点を置くには条件がいいとは言い切れません。それでも多くの新興企業は、多少条件がよくなくても渋谷のアートや文化に惹かれ仕事をしたいと考えました。

また、アメリカのシリコンバレーもベンチャー企業が多く集まった場所です。新興企業を助ける金融システムができていたことを魅力的だと考える企業が少なくなかったからです。

渋谷もシリコンバレーも、多くの企業が集まってきたのは文化や金融システムといった目に見えないものです。人は目に見えない資産（インビジブルアセット）に惹きつけられ、集まってきます。

これらの例と同じように、神山町や五城目町の豊かな自然というものは、多くの人を惹きつける魅力を十分に備えていると私は考えています。都市部の人たちは、国内にこれだけ素晴らしい場所があると気づいていません。彼らにうまくアピールさえすれば地方に魅力を感じ、移住する人は少なくないのではないかと思います。

しかし、地元の人たちはその場所のインビジブルアセットに気づくことができません。前にもお伝えしたとおり、都市部に住む人が素晴らしいと思うものは、彼らにとってはありきたりなものだからです。外部から訪れた人がその場所の魅力に気づいて初めて、それらの資産を活用できます。そうすることで、多くの人が集まり、移住してくるのです。

現在における地方創生は、見せ方が大事なのではないかと思います。昔のように公共事業を行ったりばらまき行政を行ったりしても、それらに惹きつけられる人はいないでしょう。それよりも、今地方にある資産、つまり豊かな自然や古民家、あるいは外部の人を惹きつけるのが大事なのだと思います。

もちろん、移住をしたからといって地方には仕事がないという問題を挙げる人もいるかもしれません。確かに、「地産地消」にこだわると地方創生は難しいでしょう。地方には多くの人を仕事に就かせられるほどの経済圏がないからです。

けれど、ソフトウェアの仕事であれば、東京で受注したものを地方でこなすことができ、地産地消である必要がまったくありません。地方で働く人が増えれば、その人たちを中心に新たな仕事が生まれ、雇用が生じます。

現在は、ハード面ではなくソフト面に魅了される人が多いのだと思います。いくら立派なビルやホールを作っても、それらに惹きつけられて移住をしようと考える人はいないでしょう。それよりも、教育やインターネット、ソフトウェアといったソフト部分を重視すると、そこに魅力を感じる人は少なくなく、地方を訪れようと考える人が増えるのではないかと思います。

弊社の五城目コアのコアリーダーも秋田県出身ですが、東京で働いていました。しかし、周囲で五城目町に移住する人が現れ、改めて好奇心を抱いたといいます。

もともと五城目町を知っていた彼にとって、その場所は何も特徴のない場所に感じられたそうですが、いったん外から見つめてみると、非常に魅力的な場所だと気づいたそうです。豊かな自然、移住者が集まりつつある状況といったものに惹かれ、現在は彼も五城目町に移住しました。

彼は、五城目町が「過疎化に悩む『課題先進地域』だからこそ、ワクワクしながら創造的な仕事に取り組める」と言います。五城目町には移住者が集まり、自分たちのやりたいことを町で実現する流れが生まれつつあり、やりがいを感じるのだというのです。

このように地方の魅力に気づき、移住を決めた人は少しずつ増えています。弊社のコアリーダーのように、周りの人の言葉から興味を抱くという人も少なくありません。やはり、地方創生には外部からの評価が必要だといえます。今後、ますます地方の魅力に気づく人が増えるよう、私もお手伝いをしていきたいと思います。

◆四章　地方における産学官連携

産学官連携によって人材を育てる

全国各所に拠点を構えた弊社が今後目指すのは、産学官で連携して地方で活躍できる人材を育てることです。

一般的な産学官連携とは、産業界（民間企業）、学校（教育・研究機関）、官公庁（国、地方自治体・公共団体）が連携し、それぞれの強みを生かして研究開発や新事業の創出を行うことを意味します。弊社はそれらをさらに発展させ、「人材のイノベーション」をしていきたいと考えているのです。

産学官の三者には、それぞれの特長があります。

まず、産業界は現場での経験や経営のノウハウを持っています。学校は専門的な研究機関であり、素晴らしいアイディアを持つ人材も多く在籍しています。そして、官公庁は国や地方自治体の予算を管理し、書類手続きに秀でています。

各三者が連携し、それぞれの強みを生かせば、従来はなかなかすくい上げられなかった鋭い着眼点を持つ人材を見出し、研究開発や新事業の創出を行っていけるでしょう。

こう思うのは、私自身の学生時代の経験が大きく影響しています。

学生時代に起業した私の経験

私が起業したのは大学生のときです。一九九五年に入学した当時、Windows95が発売され、爆発的なヒットとなり、インターネットが一気に広まりました。当時は日本のインターネット黎明期。現在ほど気軽にインターネットを使える環境ではありませんでした。

しかし、大学には豊富なインターネットのリソースが用意されていました。知識や経験が豊かな専門家である先生方はすぐそばにいてくれて、困ったことがあればすぐに教えを乞うことができます。また、自由に使えるＩＰアドレスは数多くあり、二十四時間、三百六十五日利用できる広帯域のインターネット回線があるといった恵まれた環境でした。それらを、学生であれば自由に利用できたのです。

私が起業した二十年前はまだ、大学もおおらかな雰囲気でした。起業したといっても、実際は研究室の隅のほうにある倉庫のようなところでサーバーを作り、インターネットを繋ぎ、大学のＩＰアドレスを使って仕事を始めたというものでした。

しかし、私の行動を応援してくださる先生がたくさんいらっしゃいました。何か問題が起こると、それに詳しい先生がアドバイスし、サポートしてくれました。私の行動を応援し、さまざまなことを教えてくれたのです。

もちろん、起業に関して指導をしても、それは先生の授業や研究活動とはまったく関係がありません。もっと言えば、給料や実績に反映されるものでもなかったのです。また、私からしても、起業したからといって大学の単位がもらえるわけではありませんでした。

それでも、先生はアカデミアのなかで起業する自由もあるのではないか、とおっしゃってくださいました。実際に金銭を動かすことで学べることは多いと支持してくれたのです。大学時代に起業し、先生方に多くの助言をいただいたことは、私にとって非常に大きな経験であり、多くの得難いものを学べる機会でした。ただ授業に出てノートをとり、レポートを提出するというだけでは経験できなかったことが多くありました。当時、応援してくださった先生方には本当に感謝しています。

この環境においては、熱心な議論の結果、新しいアイディアが生まれ、新たなサービスがリリースされるということが毎日のように行われていました。アカデミアの力を借り、官公庁が整備したインターネットを利用して学生が新たな事業を立ち上げるというのはまさに実質的な産学官連携の典型的な例ではないかと思います。

産学官連携と一言で言っても、実際に体験してみないと具体的なイメージはなかなか分かないかもしれません。学生時代、時間や立場、言語を超えたコミュニケーションのなかから新しいアイディアが生まれ、サービスがリリースされるという熱を帯びたやりとりに刺激を受けたのです。

この学生時代の経験を経て、私は二十年以上にわたり会社を経営し、一方で大学で教鞭もとっています。その土台となっているのは当時のアカデミアのリソースを自由に使わせていただいた経験に他なりません。

ところが、私が起業した当時、先生方全員が同様の考え方を持っていたという訳ではありませんでした。大学の設備を使って商売をするとは何事かと好意的とはいえない受け取り方をされることも少なくなかったのです。やはり、大学のリソースは文部科学省の予算が入っていたり、他の人の学費が入っていたりしています。それらを利用して商売を始めることに、拒否反応を起こされることもありました。

ある先生とのやりとりで忘れられないことがあります。

その先生は、私がアカデミアの環境を使って起業したことにあまり好意的ではありませんでした。私は大学卒業後、大学院に進学することにしたのですが、進路を決めた際にその先生が「研究者は清く貧しくあれ」とおっしゃいました。商売にかまけて金儲けにうつつを抜かすのではなく、もっと研究に忠実になるべきだというのです。

当時まだ若かった私は、その言葉を批判的なものとして捉え、ひどく反発した覚えがあります。実際、スタンフォード大学では多くのインターネットに関するテックベンチャーが生まれ育っています。アカデミアの知恵の背景を使って多くのビジネスが発生し、たくさんの人が雇用されました。そういった例を見ようともしないのはおかしいのではないか、と私は反論したのです。当然、その先生と私の考え方は対立しました。

しかし、このとき先生に言われた言葉は、今でも私の心に強く残っています。学生時代は、批判をされたとしか感じなかった言葉ですが、私自身、大学で研究をし、教鞭をとるようになってから次第に捉え方が変化してきているのです。「清く貧しくあれ」というのは、金銭についてのみ語っているわけではなかったのかもしれない、と現在は考えています。

というのも、お金を多く持っていても清い人はたくさんいます。お金を稼ぐこと、手にすることが清くないというわけでは決してありません。「貧しくあれ」という意味も、お金がないという意味ではないのかもしれないと思うのです。

一般的にビジネスとアカデミアはまったく別のものだと捉えられています。しかし、私はどちらも社会にインパクトを与えるという意味では同じであり、手法が違うだけなのではないかと考えています。

たとえば、発光ダイオードを開発し、ノーベル賞を受賞した中村修二氏は、最初は民間企業の研究所に所属して発光ダイオードを発明・開発しましたが、現在はアメリカの大学で研究をされています。企業とアカデミアという活躍する場所は違い、実現する方法も異なるかもしれませんが、取り組んでいるものは変わりません。つまり、ビジネスと研究の根幹は同じなのです。

当時、先生から言われた「清く貧しくあれ」という言葉は、「ビジネスに進むにしろ、研究者の道を歩むにしろ、決して奢るな。清く正しくあれ」という意味だったのかもしれないと最近は考えています。

もちろん、これは良く解釈しているのかもしれませんが、今でも、このフレーズをさまざまな機会に引用しています。いい意味でも悪い意味でも強く心に残っているのです。

残念なことに二十年前とは違い、現在の大学においては学生が好奇心の赴くままに行動する自由があまりないのではないか、という気がします。もし、今の大学で当時の私と同じ行動をとる学生がいたとしたら、他の父兄からクレームが出る、セキュリティの問題から好ましくない等といった意見が多勢を占め、反対されてしまうでしょう。

今の大学は学生が好奇心の赴くまま行動することを制限する空気が強く、どこか殺伐とした雰囲気になっているようで、学生が自由に活動するおおらかさが減ってきているように感じます。

これでは、学生たちが自由に振る舞えず、思い切ったことができなくなってしまいます。学生時代は、多少失敗しても許される時期でもありますが、この大切なときに積極的に活動できないのは大変大きな問題ではないかと私は考えています。

大学の恵まれた環境を活かし、学生時代にもっと積極的に活動することで、学生たちの人生の選択肢の幅は広がるに違いありません。

大学という場所は、本来自由に学問ができ、自由に振る舞える場所です。何かをどれだけ批判してもいいし、あるいはそれが間違っていてもかまいません。たとえ、誤りがあったとしても、なぜそれが間違っていたのかを考える場所です。学生たちには、彼らにとっての正しかろう答えを見出すところであってほしいと思っています。

そして、本来あるべき姿を大学も維持してほしいのです。そういったなかから、起業する人も現れることを私は望んでいます。

大学は多様性に富んでいます。ある人は起業し、別の人は研究者の道を選び、教鞭をとろうと決める人もいるはずです。たとえどんな選択をしたとしても、それらの根幹は同じであり、ただ手法が違うだけでだと私は考えています。つまり、お金を稼ぐかどうかというのは問題ではありません。アメリカの大学の先生は自ら起業し、自分で稼いだお金で助手を雇うのは当たり前です。

だからこそ、弊社では前向きに人材の育成に取り組んでいるのです。それが経済社会の活力になるはずです。

地方における産学官連携

地方に住む若者に対して、産学官連携の支援は必要だと思っています。

地方では、自分の生まれ育った場所で仕事をしたいと考える若者は少なくありません。しかし、仕事がないために働く場所を求め、都市部に出て行かざるを得ないのが実情です。また、素晴らしいアイディアを出せる人がいても、地方には産学官連携に積極的な「民間企業」が少ないため、商業ベースに乗せられず、埋もれてしまうことが多かったのです。

この現状を打破するため、どこにいても稼げる力を持つ人材を育て、若者が自分の望む場所で働けるようにしたいと考えています。

幸いなことに、地方に行くと役所や教育（学校）との距離が都市にいるよりもぐっと近くなります。そのため、教育とＩＴを組み合わせやすいという長所がありました。東京だと教育現場に何かを提案しようとしても手続きが非常に煩雑です。小学校との接点を求めようとしても、教育委員会や政治家などが出てきて、直接アクセスするのは非常に難しいのです。

それに対して、地方だと責任者や首長と会うのがたやすく、話を進めやすいという利点があります。

これまで私が何度も訪れた徳島県神山町の例を挙げてみましょう。徳島県は、二〇〇〇年代半ばから県内全域に光ファイバー網を整備してきました。神山町もその対象エリアで、多くのベンチャー企業がサテライト・オフィスを開いています。自然が多く、私も気に入り、家族を連れて長期で滞在したこともあります。

この町では古民家を改修したオフィスにベンチャー企業のサテライト・オフィスが入っているのですが、エンジニアが仕事をしていると地元の小学生たちが遊びに来ます。

エンジニアたちも、好奇心旺盛な小学生に問われるままプログラミングを教えます。その内容も、たとえばドローンを作り、自分でプログラミングをして飛ばしてみる、といった非常に高度で興味をそそるものです。神山町では、子どもたちが高度な技術に触れる機会が当たり前のように存在し、日常のなかに溶けこんでいます。

もし、神山町で行われていることを東京でも実践しようとしても、なかなか実現させるのは難しいはずです。大掛かりなイベントになってしまい、受講費も高額になってしまいます。ドローンを飛ばしてみるという行為も、東京ではさまざまな規制があるため簡単にはいきません。都市ではハードルが高く、なかなか実践できないことを神山町の子どもたちはごく当たり前のように享受していて、非常に得難い経験をしているのです。

このように、地方では私塾や寺子屋というような感覚でＩＴに触れることができます。これこそ、教育×ＩＴの醍醐味ではないかと私は思います。

これは、社会貢献として大きな意味があります。子どもたちに最先端の技術を教え、興味を持ってもらうことで多くの人材が育つでしょう。とはいえ、私はこの活動をただのボランティアとは捉えていません。この経験を経た子どもたちが成長したときに、優れた人材として弊社に就職してくれるかもしれないということも考えています。人材を育てることで、将来、弊社やＩＴ業界に多くの利益がもたらされるだろうと思っています。

弊社ではすでに、秋田県や豊橋市において、人材育成を手掛けたり、学校と連携を取り、研究開発などを行っていたりしています。

今後も全国各所に拠点を増やし、さらなる地方活性化を目指しています。

豊橋市における産学官連携の実例

弊社は豊橋市で、産学官連携の実績を挙げています。そのきっかけ となったのは、豊橋技術科学大学をはじめとした地域の大学、及び、専修学校の学生たちが弊社でアルバイトやインターンをしていたことでした。

それが縁となり次第に教員との関係も深まり、豊橋市の助成金等も受けつつ豊橋技術科学大学と弊社が連携しながら多くの研究・開発を行いました。ハプティック（触覚を通じて情報を伝達する）技術を利用した盲目の方のサポートを目的とした研究など、その成果は多岐に渡ります。

この様に、弊社はテクノロジーを活用し地域の課題解決をする活動（シビックテック）に積極的に取り組んでいます。

その具体的な例として、豊橋市におけるPepperの活用支援が挙げられます。

現在、弊社はPepper for Biz向けロボアプリを開発する事業者を対象にした、「ロボアプリパートナー（Basic）」の認定を受けており、Pepperパートナープログラムよりロボアプリ開発等の総合的な支援を受けています。Pepperに対して、あらかじめ決められたセリフやアクションをスマートフォン端末からリモートで操作できる機能や、Pepperが人を認識した際に決められたセリフで自動的にお出迎えする機能など、基礎的なプログラムをパッケージ化しています。

豊橋市によって二〇一五年十月に開設された「メイカーズ・ラボとよはし」の開幕式では、弊社が開発したアプリケーションを搭載させたPepperが市長のアシスタントを務めました。

学校教育事業にも協力し、病気や地理的理由から学校に通えない子どもたちのためにPepperが学校と遠隔地を結び、リアルタイムで授業が受けられるシステム開発も行いました。また、メイカーズ・ラボとよはしで開催した、オリジナルプログラムでPepperを動かす講座は好評で、参加者のなかには小学生もいます。

このように、豊橋市ではつぎつぎと弊社が参加した企画が広がりを見せています。これらは全て産学官連携による研究がきっかけとなっているのです。

秋田県五城目町の実例　「おこめつ部」の発足

豊橋市での成功を受け、秋田県でも同じように産学官連携を目指しています。

二〇一六年からは、「ICT活用によるグローバル起業家人材育成支援事業」を秋田県から受託しています。秋田県五城目地域に弊社の拠点を作り、秋田県内の大学生や高等専門学校生などの人材を対象とし、本格的に始動しています。

これは、秋田県が主催する事業で、県内の大学生ら若者を対象とした起業家育成を推進し、県内の優秀な人材が秋田県に残り、仕事ができる流れを作るものです。弊社はこの原稿を書いている二〇一六年の段階で、「おこめつ部～農耕型スタートアップ・プロジェクト～」を他の数名のソーシャルアントレプレナーと協力して、人材の育成と支援を始めました。

起業家育成プロジェクトというと、その対象者は、情熱的で起業に意欲的であり、ごく一部の才能ある人というのが一般的なイメージかもしれません。

しかし、おこめつ部はその前提を捉え直し、「想いを起点に社会的インパクトを生み出す人と事業を、お米を育てるように丁寧に時間をかけて支援すること」をコンセプトにしています。

時間をかけて支援することの意義

この概念に基づき、従来の起業者育成プロジェクトとは異なるのですが、受講時点では対象者の起業意思を問わないことにしました。従来の起業家育成プロジェクトが、一部の意欲的な人に向けた結果重視の「狩猟型」だとしたら、おこめつ部は「農耕型」。農作物を栽培するのと同じく、ゆっくりと時間をかけて人材を育てていくことを目指しています。そのため、受講時点では明確に起業する意思は持っていなくても問題ありません。起業への志を育むところからプロジェクトはスタートします。

「農耕型」プロジェクトであることには、大きな意味があります。

少し本題から離れますが、二〇一二年にアメリカのスーザン・ケイン氏がＴＥＤカンファレンスで「内向的な人が秘めている力」についてプレゼンテーションしました。

これまでアメリカでイメージされてきた理想のリーダー像とは、しゃべるのが上手で人を惹きつけるカリスマ性があり、元気な「外交的」な人でした。現代は思慮深く物静かな「内向的」な人よりも、外交的な人のほうが高く評価される社会だといえます。

スーザン・ケイン氏は内向的な人（introvert）の性格をもっと評価するべきだと唱え、外交的な性格ばかりが認められることに警鐘を鳴らしました。内向的な人はじっくりと物事を考え、こつこつと努力することが得意です。人見知りであっても思慮深く、クリエイティビティに秀でています。

実際、日本においてもアメリカにおいても、外交的な人が評価され、内向的で静かなことは正しくないと言われがちです。時間をかけてじっくりと思索する、慎重に物事を取り組むといった、内向的な人の長所はこれまで軽視されてきました。

しかし、歴史を振り返ってみても秀でた宗教家や哲学者に外交的な人はあまりいません。皆、人見知りだったり、静かに本を読み思考にふけることを好んだりする人が多いのです。

スーザン・ケイン氏の主張により、アメリカでは内向的な人への評価が少しずつ変化してきていますが、日本ではまだ従来の考え方が横行しているような気がしてなりません。

本来、日本は農耕文化を育んできました。種をまき、時間をかけて作物を育てて収穫します。結果を得るまでに長い期間をかけることで、物事をじっくりと考えたり、しっかりとした土台を作れたりします。これはまさに、内向的な性質の持つ長所であると考えています。

人材育成にも同じことがいえるはずです。ゆっくりと、しかし確実に自分の内側と向き合うことで、多くのものを積み上げられるでしょう。つまり、内向的な部分を磨くことで、多少のことでは揺るがない土台を作れるのです。短期間で結果を得られる狩猟型では得られないことです。

だからこそ、おこめつ部の育成プログラムは稲作に見立て、段階を経てじっくりスタートアップするプログラムを組んでいます。

「おこめつ部」のプログラム

おこめつ部は、稲作に見立てたプログラムを組み立てています。

まず最初は、「耕起」。土を耕すように起業に対する気持ちを掘り起こし、仲間との繋がりを作ります。また、起業家たちのリアルな体験に基づいた講演を聞き、彼らがどのようにイメージしたものを形にしてきたのかという過程を体感してもらいます。今後、新規事業創出を実践に移していくための土台作りの時期です。

写真⑥　BABAME BASE で行われた「おこめつ部」で講演をする著者

次に、「種蒔」です。三日間の集中講座でアイディア創出、コミュニケーション&ICTリテラシー、プロジェクトマネジメント等の基礎スキルを習得します。具体的にトレーニングを受けることで、自分の未来をどうしていきたいかというイメージをつかんでもらいます。私もこの段階で私が提唱する「IT前提経営（Tech Driven Management）」についての講演を五城目で多くの若者にさせていただきました。

そして、「田植」。県内企業と組んで、メンターのサポートを受けながら新規事業創出について体感します。「出穂」の時期には、おこめつ部内で起業家になるべく、具体的なアイディアをメンターに提案し、事業創出への準備を行います。

そして、いよいよ「稲刈」。おこめつ部を卒業し、自分の考えることを事業として形にするべく、動き出してもらいます。

このように、時間をかけて段階を踏むことで、受講者には最初はぼんやりとしていたイメージを具体化し、事業として形づくることができるスキルを修得してもらうのが狙いです。そして、実際に起業する前に失敗の種を摘み取れるようにしていきます。

このプロジェクトは、「こんなことをしてみたい」、「こんなサービスがあればいいのに」といったイメージを新たな事業に興す力を身につけ、みずからの生き方を自分自身で選択できるようにするのが目的です。

このようなスキルや経験を持っていれば、働き方について多様な選択をすることができるでしょう。自分自身で起業することも可能です。また、地域の企業に入社して、その中で新たなサービスを立ち上げ、業界を変えていくこともできるはずです。

私はこのプロジェクトで育成した人材が、必ずしも大きな事業を立ち上げる必要はないと考えています。それよりもむしろ、自分の本当に望む生き方ができるようになればいいと思います。

私の二十年来の知人である作家の平川克美氏は、「小商いのすすめ」という本のなかで「金銭的至上主義的な考え方ではなく、もっと別の価値指標による生き方へと転換する必要があるのではないか」と指摘しています。つまり、必ずしも全ての人がアメリカ西海岸のベンチャー起業のような「派手な」事業を手掛けるよりは、自分が幸福だと思える道を選ぶべきであり、そういう選択肢を選ぶことをもっと評価されていいというのです。

これは私も同感であり、この考え方が根底にあるからこそ、おこめつ部に協力させて頂いたのです。人々の価値観が大きく変わりつつある今の時代は、従来のように大企業に勤めたり、都市部で働いたりということが必ずしも幸福に繋がらないのではないかと思います。それよりも、自分自身が満たされ満足できる選択ができることのほうが大事ではないでしょうか。

もし、地元を離れずに働きたいと願うのなら、その方法を選べるだけのスキルを身につけることが大切であり、だからこそ、おこめつ部の活動を進めて若い方々に経験をお伝えしたいのです。

現在、秋田県内の大学の理系人材の県内企業への就職率は二十%を切っているといいます。それはやはり、県内にソフトウェア関係の会社が少ないことが影響しているでしょう。

今後、おこめつ部などの活動を進めることで、優秀な人材を県内に留め、ソフトウェア産業に携わってもらうことで、地域創生に繋がるのではないかと考えています。

そもそもBtoCのウェブサービスの事業については本社が東京等の都市にある必要は全くありま

写真⑦ 弊社五城目コアがあるBABAME BASEの中

せん。インターネットに繋がりさえすれば、どこでも大小問わないビジネスが展開できます。

若者からしても、学校を卒業したら企業に入社して与えられた仕事をこなす、という働き方だけでなく、自分らしい生き方を選択できるようになるに違いありません。

◆五章　ノマド・ワーキング制度の副次的効果と「IT前提経営」の今後

BCPと攻めのノマド・ワーキング制度

もともと私がノマド・ワーキング制度を導入したのは、労働環境を良くしたいという気持ちがあったからです。インターネットを利用すれば、場所や時間に縛られることなくプライベートも仕事も充実させられるだろうと考えたのです。

制度を導入した現在、当初の思惑通りの働き方ができてとても満足しているのはこれまで述べてきたとおりです。けれど、ノマド・ワーキング制度の良いところはそれだけではありませんでした。実践してみたところ、副次的な効果も多いと分かってきました。最も大きな成果は、意図せずBCP対策ができたということです。

BCPとは「Business Continuity Plan」の略で、「事業継続計画」と訳されています。中小企業庁はこれを「企業が自然災害、大火災、テロ攻撃などの緊急事態に遭遇した場合において、事業資産の損害を最小限にとどめつつ、中核となる事業の継続あるいは早期復旧を可能とするために、平常時に行うべき活動や緊急時における事業継続のための方法、手段などを取り決めておく計画のこと」と定義しています。

つまり、災害など突発的な出来事があってもビジネスは止めてはいけない、そのための対策をするべきだということです。たとえば、どんな分野の仕事であっても、拠点が東京にしかないとしたら、大きな災害やテロがあった場合、他の地域でサービスが止まってしまうおそれがあります。ビジネスがグローバル化するとなおさらです。万が一の出来事があってもビジネスを継続させるため、ＢＣＰ拠点やサテライトを持つ必要があります。

インターネットの世界でも、二十四時間三百六十五日稼働させなくてはならないサービスが多くあります。弊社のクラウドサービスであるアルバイトシフトの管理システム Ez-Shift を例に挙げても、二十四時間使い続けているお客様が日本中にたくさんいらっしゃいます。弊社は本社がないとはいえ管理部門は東京コアに置いてあり、私もそこに所属しています。もし拠点が一か所にしかなかったら、その場所で何かあったときに、他の地域にいるお客様に迷惑をかけてしまうでしょう。

ただ、サテライト・オフィスを作るのは、資本力のある組織でないと難しいとされてきました。実際、小さな企業やベンチャー企業ではそこまでの資金が調達できず、対応しにくいというのが課題でした。

ところが、地方創生の文脈でノマド・ワーキング制度を導入すると、意図せずにさまざまな地域で作業できる人が点在することになります。特定の地域が災害などの被害を被っても、別の場所で対応できるのです。

弊社の場合ですと、もし東京で問題が起きたとしても、豊橋コアや五城目コア、あるいはノマド・ワーキング制度を利用してさまざまな地域にいる社員たちに仕事を引き継げます。そればかりか、中国の蘇州やマレーシアのクアラルンプールにも拠点があります。万が一、日本全体が被害を被ったとしたもクラウドサービスの運用ノウハウをエンジニアたちで共有しておけば、海外から対応をすることができます。

東日本大震災のときは、もし東京に何かがあったらＢＣＰ対策はもちろんのこと、社員やその家族の支援を豊橋コア周辺で行おうと考えていました。このような対応を迅速に検討できたのも、ノマド・ワーキング制度を導入し、すでに日本全国に拠点ができていたからです。

今、私はいくつかの比較的大きな企業でアドバイザーを務めています。多くの経営者の方たちは、ノマド・ワーキング制度を労働環境を良くする福利厚生として捉えています。けれど、この制度は決してそれだけのものではありません。経営的にも戦略的にも前向きにノマド・ワーキング制度を取り入れることで、生産効率が上がり、低コストでBCPにも対応できるのだとお伝えしています。このお話をすると経営者の方たちは、非常に前向きにノマド・ワーキング制度を検討されるようになるのです。

脱場所だけでなく、脱時間も視野に入れる

東日本大震災のとき、世間は非常に混乱していました。電話も繋がりにくくなり、交通網もダウンし、これまで当たり前だった生活が一転してしまいました。

弊社の社員たちも自宅で作業をすることになったのですが、そのときに実感したのはインターネットは災害に強いのだということです。電話が通じなくても弊社ではTwitterで連絡を取り合っていました。電車で移動ができなくてもSkypeで顔を見ながら打ち合わせができます。

この経験から、私は脱場所だけでなく脱時間の概念を持つと面白いのではないかと考えるようにな

りました。たとえば、日本国内や時差の少ない国だけでなく、ノマド・ワーキング制度を利用してニューヨークやブラジルなどで仕事をする社員が増えれば、二十四時間、常に誰かが対応できることになります。

もちろん、このような考え方に対しては、時差があるとワーキングタイムがずれてしまい、仕事がやりにくいという意見があるでしょう。弊社も売上の九割は日本国内にありますから、ビジネスの時間帯は日本に合わせるようになるはずです。

だからといって、それだけで脱時間の概念を否定するのは経営者の思考停止ではないかと思うのです。世界中に社員が点在すれば、ワーキングタイムが世界中でグルグルと回ります。ひとつの国で働く社員が仕事を終えると、別の国にいる社員が働き始めるといった具合に、まるでバトンを受け取るかのようになるのです。つまり、無理をせずに二十四時間三百六十五日稼働し続けられます。

このような状態だと、社員同士連絡を取りにくいし、特にお客様からの電話対応ができないのでは？　という疑問もあるかもしれませんが、インターネットを利用した音声通話であるVoIPを利用すれば世界中どこにいても「電話」ができます。実際、グローバルな展開をしている多くの会社はすでに対応しています。

二十四時間三百六十五日対応可能にすることや、ＢＣＰ対策は巨大組織でなくてはできないと思われがちですが、決してそんなことはありません。ノマド・ワーキング制度であれば社員に負担をかける必要もなく自然と導入できます。これはやはり、従来の働き方の突破口になるのではないかと思うのです。

「ＩＴ前提経営」について考える

さて、ここまでノマド・ワーキング制度と地方創生について見てきました。働き方を変えることで、従来は無理だと思われていたことが可能になるなど、新たな展望が見出されるでしょう。今後、働き方はますます多様化してくるでしょう。

そのなかで、非常に重要な概念についてお話をしようと思います。私はここ数年、「ＩＴ前提経営(Tech Driven Management)」ということを言っています。本書のサブタイトルにも使用されていることの言葉には、ふたつの意味があります。

ひとつは、世の中全てＩＴを利用するようになっているということです。たとえば、どんな仕事をするにしてもＩＴが絶対に必要です。飲食店を経営するにしても宣伝のためにウェブサイトを作る、クレジットカードやおサイフケータイを使うといった部分でＩＴを使うでしょう。会計や税務では当然必要となってきます。会社を経営するとなれば言うまでもありません。もっと大きな意味で言えば、経済活動全てにおいてＩＴがなくては成り立たなくなっているのです。

ふたつ目の意味は、会社を経営し、ものを作ったときにその制作物を誰が消費するのかということです。

少し説明が長くなりますが、現在は高齢者が元気な時代です。若者よりも六十代、七十代の現役を退いた世代は預金も十分にある場合が多く、購買意欲も少なくないでしょう。彼らをターゲットにするシルバービジネスも少なくありません。

しかし、現役を退いた彼らは決して社会の活動人口ではありません。実際に主に消費をするのはどの世代かといえば、現役で働く若い人たちです。特に、一九九五年以降に生まれた人たちのことをデジタルネイティブと呼びます。なぜ一九九五年以降と定義されているかといえば、この年はWindows95が発売され、世界中にインターネットが広まったためです。彼らは、生まれた瞬間からインターネットが身近にあり、それまでの世代とは一線を画しています。

つまり今後、消費者の中心となるのは、ＩＴが広まる前の世界を知っている人たちではありません。

インターネットが発達した後の時代しか知らないデジタルネイティブがターゲットになっていくのです。

私の息子は今、小学校三年生です。彼は一歳半のときにiPhoneのインターフェイスに触れてログインができました。四桁のパスワードを入力し、セキュリティを解除するなど、彼にとっては当たり前のことです。しかも、このようなことができるのは、私の息子が特別だからというわけではありません。この世代の子どもたちは皆、自然にできることなのです。あと十年もすれば、彼らは主な消費者となるでしょう。

商品開発のためにマーケティングをするとしても、経営者がこの事実を理解していないとおかしなことになってしまいます。その詳細を次の項目で詳しくお話しましょう。

デジタルネイティブの世代交代のスピード

デジタルネイティブと一言で言っても、その中身は非常に複雑です。というのも、彼らは世代交代のスピードが非常に早いのです。

具体的な例を挙げてみます。私は十六年ほど大学で教鞭をとっています。私が教えた卒業生は千五百人～千六百人くらいにはなるでしょう。そのなかで、十六年前に教えた学生と、最近教えた学生とでは全く世代が違うのです。いいえ、もっといえば、一年生から四年生の間で、すでに世代は変わっています。三年前に入学した四年生の学生と、現在の二年生ではすでに異なる感覚を抱いています。この目を見張るほど早い世代交代は、「アプリ」の進化のスピードと比例しているのではないかと考えられます。

どういうことかといえば、ほんの数年前、誰もが利用していたSNSといえばFacebook* でした。しかし、今はLINE** が主流となっています。新しいアプリが出ると、連絡手段やコミュニケーションの場が変化するのです。

また、レポート提出の形も変わってきています。少し前まではメールにレポートを添付して送ってくるのが当たり前でした。これは私と同世代の人と同じ感覚です。

ところが、最近はLINEのメッセージでレポートを提出する学生が非常に多いのです。若い世代にとって、すでにメールは古いものなのでしょう。メールだけでなく、キーボードで文字を打つことさえ前時代的なものになってきています。今の二十歳前後の大学生たちに三、四枚のレポートの課題を出すと、スマートフォンで書いたものを提出してきます。彼らにとってはキーボードを打つよりも、

* Facebook は Facebook, Inc. の登録商標です。
** LINE は LINE 株式会社の登録商標です。

タッチパネル上で指を滑らせて文字を入力するスマートフォンの「フリック入力」のほうがずっと慣れていて、手っ取り早い方法です。

そんな彼らが、メールが古いものと捉えるのは当然でしょう。おそらく、今後はメールに代わってリアルタイムでやりとりができるチャットが主流になっていくのではないでしょうか。

これらの世代交代は、弊社のノマド・ワーキングの現場でも実感する機会が少なくありません。たとえば、若い社員たちは電話をあまり利用しません。これまでであれば電話で話をするような場面でもチャットやLINEでやりとりをするのです。彼らにとって、声を出して話をするよりも文字を使った伝達のほうが気が楽なのではないかと感じられます。

この感覚はさらに若い年代に顕著です。高校三年生に経営学を教えていたときに気づいたのですが、この世代になると電話が鳴ることさえうっとうしく感じられるようです。何かあればLINEでやりとりしています。しまいには、文字ではなくLINEのスタンプ、つまり絵文字やイラストで意思の疎通を図るようになっていきます。

こうなると、言葉を口に出して話をしなくなります。文字を書いてコミュニケーションをとるのが主流となり、さらにはLINEのスタンプのようなものを使うという世代がやってきます。

このように、ほんの数歳しか年齢が違わなくても、若者たちは使用するアプリや文化が異なります。仮に、若者向けの商品を開発することになっても、ターゲットとなる若者については詳細に分析しなくてはならなくなるでしょう。彼らの間では恐ろしいほど早いサイクルで世代交代が行われているのですから。

デジタルネイティブと「ピコ太郎」

先ほどお話したように、今後、ビジネスのターゲットとなるのは高齢者ではなくデジタルネイティブと言われる若い世代となっていきます。しかし、前項で述べたとおり、彼らとそれより前の世代では、感覚がまったく違います。これまではパソコンで文字を打つのが当たり前だったのが、スマートフォンが主流になっていたり、電話よりもチャットを利用することが多かったりという具合にです。

デジタルネイティブとそれより以前の世代の感覚の違いは、二〇一六年に爆発的に流行した「ピコ太郎」への受け止め方に顕著に現れています。

「ピコ太郎」は、お笑い芸人である古坂大魔王氏が扮するキャラクターであり動画投稿サイト「YouTube」に「ペンパイナッポーアッポーペン」(PPAP)を投稿しました。世の中の、いわゆる「おじさん」と呼ばれる世代には、あんなのどこが面白いんだ、おかしなものが流行るものだと苦笑されている印象です。しかし、理解できないからといって苦笑いで済ませている場合ではありません。

「ピコ太郎」は、登場した当初はマスメディアにはまったく露出していませんでした。彼がインターネット上のYouTubeにネタをアップし、その映像を見たカナダのポップ・ミュージシャンであるジャスティン・ビーバーがTwitterで紹介したことで、世界中でヒットしました。当時、フォロワー数が八千八百万人を越していたジャスティン・ビーバーに共感し、面白がる人がたくさんいたのです。なぜなら、彼らは皆、デジタルネイティブだったからです。

以前であれば、このように売れるためにはまず、テレビなどのマスメディアを利用していました。しかし、今回の「ピコ太郎」についてはインターネット上で人気が出たものを後追いする形でマスメディアが取り上げています。もともとお笑い芸人だった「ピコ太郎」は、これらのことをかなり戦略的に仕掛けていったはずです。

つまり、以前であればテレビが果たしていた役割を、今はインターネットが果たしています。日本国内だけではなく、世界中をマーケットとして捉えるのなら、やはりYouTubeやTwitterが主流になっています。ピコ太郎は世界中のデジタルネイティブたちの間で話題となり、爆発的にヒットしたのです。

この感覚が理解できないと苦笑する「おじさん」たちは、今後ビジネスから撤退せざるを得ない状況に追いこまれる可能性があるでしょう。少し厳しい言い方になりますが、「ピコ太郎」の何が面白いのかを理解し、そのヒットまでの構造を正確に説明できないと今後ビジネスをしていく資格はないと言っても過言ではありません。これからの時代の主役たるデジタルネイティブを相手にできないからです。

デジタルネイティブとビジネス環境

デジタルネイティブたちは、そろそろ新入社員として企業に入社する年齢に差し掛かっています。こうなると、デジタルネイティブ以前の世代とのギャップが顕著になります。これまで、オフィスのなかで当たり前とされていたことが、若者たちには通じないということも少なくないでしょう。

すでにこのようなギャップは現れ始めています。たとえば、スマートフォンを主に使っていた新入社員たちのなかには、キーボード入力がうまくできない人もいます。そのため、新入社員向けのパソコン講座を開く企業もあるといいます。

しかし、この時点でその企業は「IT前提経営」ができていません。デジタルネイティブたちはキーボード操作はうまくないかもしれませんが、スマートフォンは自在に使いこなせます。だから、わざわざパソコンの使い方を教えるよりは、スマートフォンでメールを書き、お客様に返信するように言えばいいのです。

おそらく、今後はビジネスでメールでやりとりをすることは少なくなるでしょう。やはり、チャットやLINEに比べてメールは意思の疎通ができるまでのスピードが遅いのです。現在でもチャットでビジネスのやりとりをする機会は増えてきています。

こうなると、取引先とでもビジネスチャットのスタンプを送り合うのは当たり前になるかもしれません。というよりもすでにビジネスメールでも、ある程度気心の知れた仲になれば、顔文字などを使うようになってきている気がします。私の世代ですらそう感じるのですから、もっと若い人たちであればより強くその感覚を抱いているはずです。

これらの変化を理解しないで、ノマド・ワーキング制度の話をするのは少し難しいかもしれません。

さて、このようにデジタルネイティブたちの感覚についてお話をしてきましたが、私は今後、仕事のやりとりは直接顔を合わせる機会も少なくなるのではないかという気がしています。

ノマド・ワーキング制度を導入している弊社では、車で移動をしながら会議に参加したり、Skypeで音声のみで打ち合わせをしたりするのは日常的な出来事であり、そのことで業務に支障は出ていません。

直接顔を合わせない現象は通常業務だけではなく、採用面接でも起こっています。先日、弊社の秋田県五城目コアのコアリーダーの最終面接を行ったのですが、そのときは現地まで行かず、Skypeで行いました。もし、面接をするためだけに秋田県まで行ったら、交通費も時間もかかっていたでしょう。

これらの事例を見て、ビジネスは実際に顔と顔を合わせて行わなくてはならないと考える人もいるはずです。しかし、その考えにはまったく根拠がありません。実際、五城目コアのコアリーダーはSkypeでの面接で採用されたのですから。従来のやり方に固執し、新しい方法を受け入れない、というのはあまり意味がないように思います。

採用については、いずれ新卒の面接もLINEで行ってもいいのではないかとさえ思います。LINEでどのような表現（文字やスタンプ、言葉遣い）をするか、という部分を見て採用を決めるというのも面白い人材を発掘できそうです。

この新卒採用について、LINEで面接をするという案は、ただの思いつきというわけではありません。デジタルネイティブたちを見ていると、彼らは直接会って話をするよりも、文字でのやりとりのほうがのびのびとアイディアを出したり、自分を表現できたりするのではないかという気がするのです。

弊社がノマド・ワーキング制度を導入する前のことです。私は社員に対して、「企画千本ノック」という課題を出しました。インターネットに関する企画案を、なんでもいいから千本出すようにと言ったのです。しかし、社員からはまったくいい案が出てきませんでした。彼らが乗り気でなかったのは明らかだったのですが、私も課題を出した手前、途中で引っこめるわけにもいかず、あまり有効だったとはいえないまま終わらせました。

ところが、ノマド・ワーキング制度を導入し、Skypeやビジネスチャット中心でコミュニケーションをとるようになると、彼らはビジネスチャットのなかで次々とアイディアを出すようになりました。つまり、かしこまって顔を合わせながら話をするよりも、文字でやりとりをするほうがのびのびとする性質なのです。それが、デジタルネイティブなのだと言えるでしょう。

彼らの特質を理解していないと、会社の経営は難しいように思います。何をするにしても、ＩＴが不可欠だということを認識すること、そして、商売や生活者の中心はデジタルネイティブたちであると理解し、彼らの特質を理解することの二点を把握することが「ＩＴ前提経営」となるのです。「ＩＴ前提経営」をするようになると、ノマド・ワーキング制度に繋がります。そして、それにより地方創生が可能になるでしょう。

もちろん、現状ではその変化に法律や社会がついていけていない状況かもしれません。しかし、法律に従って窮屈な思いをするというのは意味がないように思います。あまり現状に縛られすぎず、海外や地方の優秀な人たちと一緒に仕事すれば、生き方や働き方に大きな変化がもたらされていくに違いありません。

◆おわりに

これまでお伝えしてきたように、インターネットの発達により私たちの生活は大きく変わってきています。今、この瞬間にも「脱場所及び脱時間」を実現でき、私たちは働く時間や場所に縛られず、好きなところで仕事をすることができるのです。

この働き方が当たり前になれば、人々はこれまで以上に充実した人生を手に入れられるでしょう。まさに、二十年ほど前にマイケル・ハウベン氏や公文俊平氏が提唱したことが現実のものになり、しかも急速なスピードでその先に進んでいます。

また、マイケル・ハウベン氏が「ネティズン」と呼んだデジタル・ネイティブたちのコミュニケーションの方法は、大きく変わってきています。この変化に気づけず、いつまでも旧来の方法にこだわっていると、多くの齟齬が生じるようになってしまいます。たとえば、異なる世代間のコミュニケーションに不都合が生じたり、言うまでもなく経済活動もうまくいかなくなります。加えて、役所と一般の生活者のコミュニケーションすらうまくいかない事態に陥りかねません。

このようにならないためにも、私たちは時代の変化を感じ取り、新しい感覚で物事を進めていくべきではないかと思います。

さて、最後に、「テレサイエンス（tele-science）」という言葉について触れましょう。私は、卒業論文や修士論文でもこのことに触れたのですが、つまり、「遠く」を意味する接頭辞「tele」のとおり、今いる場所から離れたところにあるものを触りたい、知りたいという欲求を満たすための人間本来の現象を分析した科学のことをいいます。たとえば、遠いところにいる人と連絡を取るために電話（tele-phone）が生まれました。また、離れた場所から発信されたものを見るテレビ（tele-vision）もそれに当たります。

今、インターネットは通信（tele-communication）に分類され発展を続けています。つまり、物理的に距離があって、顔を合わせたことがない人同士でも連絡を取り合ったり、情報を得られたり、発信できたりできるということです。

もしも、遠くにあるものを知りたいという思いが人間の本能だとしたら、インターネットの誕生は必然だったのだと思います。その結果、人々の営みにおいて、物理的な距離はゼロになり、どんな場所にいるかは問題ではなくなってきているのです。

現在は、地球だけでなく国際宇宙ステーションにもインターネットが繋がっています。また、天体間をインターネットで結ぶ「インタープラネットコミュニケーション」の研究も盛んになってきました。このような技術は既に実用化されており、本文でも触れた通り、衛星を使ってインターネットを繋ぎ、飛行機のなかでもインターネットを利用できることが当たり前になりました。

私たちはどこにいても、それがたとえ宇宙空間であっても、世の中で何が起こっているのかをリアルタイムで知ることができ、どんな場所にいる人とも連絡を取り合えます。まるで、一昔前のSFが現実になったかのような話が、現代に起こっているのです。

このように人と人が自由にコミュニケーションをとれ、物理的な距離が障害にならなくなると、「国境とは何か」ということや、地域間の格差が問題となってきます。

今、世界では大きな問題を抱えている地域がたくさんあります。たとえば、シリアや、九．一一以降の国境なきテロとの戦いなどが挙げられます。また、ヨーロッパの難民問題もとても深刻です。このような問題について、私たちはどんな場所にいても、どこで何が起こっているのかという情報を瞬時に得られます。

しかし、状況を把握できるのは私たちだけではありません。苦難のなかにいる人たちもまた、情報を得ることができるのです。実際、彼らは携帯電話を使い、情報を得ながら移動し、加えて発信もしています。安全な場所がどこなのか分かるなら、危険な場所から逃れるのは当然です。テレサイエンスによって、今は移動することもたやすくなっています。

インターネットにより、世界がとても狭くなった今、私たちは改めて国籍とは何か、イデオロギーや人間のアイデンティティーとは何かということをきちんと考えるべきなのかもしれません。世界を俯瞰してみても、旧来の考え方で物事を捉えるのではなく、新しい価値観を生み出していくときではないでしょうか。

そういう意味において、実は、テレサイエンスは世界を複雑にした可能性があります。鎖国時代の日本の人口は三千万人前後で減りも増えもしていません。有史以来、こういう事は鎖国時代のみの出来事です。明治維新以降は、二〇〇六年に人口減少に転じるまで「急激」に人口は増えました。大きな大戦下でも物凄いスピードで伸びたのです。

もし鎖国時代の情報流通が極めてローカルなものであったとするならば、閉鎖的環境のなかで安定した社会が存在していた可能性も考えられます。それが、開国後、情報が流入し価値観が多様化するなかで人口が急激に伸びたともいえます。つまり、開国によりグローバル化した経済社会が複雑化した可能性は否定できません。これと同じように、インターネット時代の社会というのは一つの局面からみると便利になっていますが、しかし一方で単純な問題を複雑化させている側面も十分にあり得ます。

今、私は四十歳です。この先、六十歳まで仕事をするとしたら、あと二十年ほど働くことになります。おそらく、この先の二十年は非常に速いスピードで社会の情報化が進んでいくでしょう。そのなかで、年齢を重ねた者は置き去りになっていきます。それは私自身にも当てはまることです。ひょっとすると、私が新しいことを考え、実践できるのは今がピークで、これ以降は時代に取り残されていくかもしれません。

だからこそ、私は現役で働くであろうこの十年、二十年のうちに若い世代にどういう「知恵」を残せるのか考え、今の子どもたちに対しての責任を果たさなくてはならないと思っています。国際社会の枠組みや、新しい社会のルールを考え、次の時代に生きる人たちに、何を残し、受け継いでいってもらうのか真剣に考えるべきです。それは、ビジネスだけに限らず、アカデミアにしても、投資や政治、行政すべてにおいて言えることです。もし、今そういった考え方をしていない人がいたら一人でも多くの人に気づいてほしいと願っています。

どんな高齢になってもＩＴやテクノロジーについて学び、今後について考えていくことが、次の世代にバトンを渡す役割を担った私たちの役割ではないでしょうか。

もちろん、急激な変化についていけない場合もあるでしょう。しかし、これまで生きてきたなかで培った知恵を活かし、人間として深みのあるものを、若い世代に伝えていけるようになりたいと思うのです。

この原稿を書いているのは、ちょうどクリスマスです。私にとっては大好きなスキーシーズンの入り口ですから胸が躍っています。今年も白馬やニセコ、北米のベイルやアスペン、そして時間があればジャクソンホールなどに出向きます。

言い訳ではありませんが、決して遊んでいるのではありません。行く先々で東京にいるときと同じだけ、いろいろな人とお会いし、「ＩＴ前提経営」について議論を交わしてきます。もう今の段階でスキーへ行く先でのビジネスミーティングの日程は一杯になりつつあります。東京にいれば、昼と夜には会食があり、時間をみつけてジムに行って太らないように汗を流すという養豚所の豚のような生活になるのですが、ノマド・ワーキング制度のもとでは朝早く起きて最高のコンディションでスキーをした後に、雪国の良い環境で仕事を行い、新しいビジネスを作ることに邁進できるのです。

ときを同じくして、他の弊社の社員の何人かは赤道に近いクアラルンプールのノマド拠点で若者と一緒に過ごしながら開発に打ち込んでいることでしょう。そして私は彼らとリアルタイムで簡単にコミュニケーションができるのです。

今まで、長々といろいろなことを書いてきましたが、つまるところ、こういう「生き方」の実践なのではないかと思うのです。そんなに難しく考えることはないのです。単に、行使すべき自由を行使したに過ぎないのですから。

二〇一六年十二月二十五日

高柳寛樹

参考文献

【書籍】

・ネティズンの時代　公文俊平編著　NTT出版（一九九六年出版）

・地方消滅　東京一極集中が招く人口急減　増田寛也編著　中央公論新社（二〇一四年出版）

・地方消滅　創生戦略篇　増田寛也　冨山和彦著　中央公論新書（二〇一五年出版）

・内向型人間の時代 社会を変える静かな人の力　スーザン・ケイン著　古草秀子翻訳（二〇一三年出版）

・小商いのすすめ　「経済成長」から「縮小均衡」の時代へ 平川克美著　ミシマ社（二〇一二年出版）

【WEB】

・GLOCOM国際大学グローバルコミュニケーションセンター
「ハイパー市民=ネティズン（智民）について」　公文俊平（一九九六年発表）
http://www.glocom.ac.jp/column/1996/12/post_139.html

・日経ビジネスオンライン
社員を全員「ノマドワーカー」にした会社
http://business.nikkeibp.co.jp/article/opinion/20120724/234799/

・一般財団法人日本情報経済社会推進協会（JIPDEC）プライバシーマーク事務局
プライバシーマーク制度　概要と目的

https://privacymark.jp/privacy_mark/about/outline_and_purpose.html

・賃金等請求事件（通称　日本マクドナルド割増賃金請求）判決文（事件番号：平成17（ワ）26903　判決日：平成二〇年一月二八日）
http://www.courts.go.jp/app/files/hanrei_jp/801/037801_hanrei.pdf

・新宿労基署長遺族補償費不支給処分取消　判決文（事件番号：平成13（行コ）42　判決日：平成一四年七月一一日）
http://www.courts.go.jp/app/files/hanrei_jp/655/018655_hanrei.pdf

・独立行政法人　労働政策研究・研修機構
Q5. みなし労働時間制とは何ですか。
http://www.jil.go.jp/rodoqa/01_jikan/01-Q05.html

・灯台もと暮らし　これからの暮らしを考えるウェブメディア
【徳島県神山町】「枠組みのない町」を創る—グリーンバレー大南信也—
http://motokurashi.com/feature-tokushima-oominami/20150806

・Work Switch　はたらく楽しさを、一緒につくる
かつての限界集落が地方創生のモデルケースへ！ＩＴ企業が次々に虜になる「神山スタイル」

http://workswitch-ibs.inte.co.jp/tokushima-kamiyama/

・イン神山
http://www.in-kamiyama.jp/about-us/

・あしたのコミュニティーラボ
四国の山里で働くという選択　ＩＴ企業が惹きつけられる町・徳島県神山町
http://www.ashita-lab.jp/special/637/

・みんなのPepper
http://www.webimpact.co.jp/pepper/

・@IT
ＩＴエンジニア　Ｕ&Ｉターンの理想と現実（19）：秋田編：ノマド制度を利用して地元に拠点を開設——人口減少の最先端で〝余白〟に挑め
http://www.atmarkit.co.jp/ait/articles/1612/16/news010.html

・秋田県産業労働部雇用労働政策課「Ａターン就職の現状と支援施策について」
http://akita-nct.coop-edu.jp/assets/uploads/2014/06/bb165662b0b0996b02181406lf247c1a1.pdf

・おこめつ部　農耕型スタートアップ・プロジェクト
http://www.okometsubu.com/
・TED Talk　TED.com　スーザン・ケイン「内向的な人が秘めている力」
https://www.ted.com/talks/susan_cain_the_power_of_introverts?language=ja
・中小企業庁　中小企業ＢＣＰ策定運用指針〜緊急事態を生き抜くために〜
http://www.chusho.meti.go.jp/bcp/contents/level_c/bcpgl_01_1.html

◆巻末特別対談

「場」に縛られないために教育にモビリティを

水田早枝子（みずた・さえこ）
株式会社ティー・シー・ケー・ワークショップ代表取締役社長
高柳寛樹（たかやなぎ・ひろき）
株式会社ウェブインパクト代表取締社長

高柳　今日のお話の中心は「ノマド・ワーキング制度」ですが、いま、弊社では東京神田に「東京コア」というワーキングスペースを作っています。国内ではほかに、愛知県豊橋市、福島県郡山市、栃木県宇都宮市、秋田県五城目町にも設置しています。また、海外でも展開していて、中国の蘇州と今年（二〇一六年）の十月にはクアラルンプールにもノマド拠点を業務提携により作りました。

水田　上海やシンガポールではなく、蘇州やクアラルンプールというのも興味深いですね。その、ちょうどよい距離感のロケーションは、どのように選ばれたのですか。

高柳　大都市では、われわれの仕事は全然機能しないと考えています。
　一般的には仕事が東京に一極集中していて、優秀な人材もそこでしか集められないというのはよく理解しているのですが、実際に人を採用しようとすると大変難しい状況になります。そこで発想を変えて、地方で採用したらどうなるのだろうということを考えてみました。
　われわれの仕事はソフトウェアなので東京にいる必要はないわけで、実際に進めてみると、地方では仕事がなくて困っている優秀な人材が一杯いて、募集をかけて人を採用してみると、東京採用の比率がどんどん減っています。今年（二〇一六年）の四月には新規に新卒と中途併せて七名採用しましたが東京所属の採用は一名だけで後の六名はすべて地方コアの所属でした。

水田　なるほど。

高柳　このままいけばおそらく、再来年ごろには、五城目コアも、地方では一番人数の居る豊橋コアの規模になる感じがしています。私としては、働き方にモビリティを持たせるのが大事だと考えていて、時間や働き方を規定していません。一応、本社とは書いていますが、カフェみたいな作りになっていますし。

水田　オープンスペースですか。

高柳　そうなんです。どうしても人が集まらないとできない仕事や、実際に会って打ち合わせをする必要があるときに使ってもらっています。社員の出社を奨励しているわけでもないし、実際に全員が出社したら入りきれません。

ＩＴバブルの時には渋谷が「ビットバレー」と呼ばれて、各企業とも家賃の高い物件に集まっていましたけれど、はじめからそれは考えていなくて、今回の企画の発端となった取材[2]を受ける一年前に「オフィス」を捨てました。

水田　ＭＢＡ受験をしていた時期に、その記事を読ませていただきました。

高柳　あーそうですか（笑）。

水田　若手経営者が、社員の利便性と事業の収益性を両立させていて、カッコいいなと思った記憶があります。

高柳　弊社の場合は、ほとんどがソフトエンジニアで、外に出たり、人にあったりしたくないという

2　日経ビジネスオンライン（二〇一二年七月二七日、蛯谷敏記者）、記者の眼「社員を全員『ノマドワーカー』にした会社　本社オフィスをなくして見えたもの」
http://business.nikkeibp.co.jp/article/opinion/20120724/234799/?rt=nocnt

社員が多かったので、それに見合ったマネジメントをしていただけです。そこに時代の流れが合わさってきたわけです。

たとえば、実家で家族の介護をしなければならないとか、子育てをしようにも共働きでは、保育園や幼稚園などに預けられないときとかに困りますよね。

一方で、地方にはソフトウェアの技術やキャリアを活かせる仕事が少なく、働きたくても働く場所がなくて困っているという相談を受けることも増えてきました。

弊社のような働き方であれば、そもそも会社に来る必要もないので遠隔地であろうが、海外であろうが、空いている時間に場所を問わず仕事ができますし、働く人のニーズと仕事がうまくマッチしたわけです。

水田　なるほど。大企業に勤めていたころ、隣の席に座っている人とすらメッセンジャーでやりとりすることが案外多くありました。直接話さなければできないような仕事は、実はあまりないのかもしれませんね。東京に住むと通勤に時間がかかるうえに、ラッシュの電車は人権の侵害なんじゃないかと思うほど混んでいます。ノマド・ワーキングを採用すれば、社員には自分の好きなところにいける自由が生まれ、しかも仕事は都心のオフィスで働いているのと変わらない質を担保できるなら、素晴らしいことですよね。

そもそもどこに住むかに選択の自由があるのは、とても凄いことです。就職や結婚といった人生の重要な決断を自由にできるし、夫婦の共働きや子育ても格段にしやすくなりそう。また、大切なライフイベントの背景が自分の好みに合わせて自由に選べたら、人生の質そのものが変わりますね。

高柳　そうですよね。まあ東京に住んでいて働いても、景観がガチャガチャしているし、物価も不動産も高いしあまりいいことは無いですよね。Ｗｉ－Ｆｉでインターネットさえ繋がればいいので、日々、ヨーロッパを旅しながら、移動中の電車の中で仕事ができるんですよね。

水田　日々刻々と変化しているっていうのは、すてきな生活ですね。

高柳　そうですね、もうどこに社員がいるか分からない（笑）。

水田　面白いですね、その働き方を最大限満喫しているんですね。

高柳　それが特殊なことではなく、普通になっています。だから、年末年始やゴールデンウィークなどで混むのを避けて、熱海で温泉に入りながら一週間家族と過ごしながら仕事します、ということもできるのですが、それすら告知する必要もありません。

水田　社会全体で見ても、そういう会社が増えたら混雑が解消されますよね。

高柳　本来はそうなんです。ただ、問題になるのが法令遵守で、従来からある労働基準法の考え方からすると、社員がどこにいて、どれくらい働いているのかを誰が管理しているのか、というのが分からないと、違法になってしまいますし、そもそも実現できなくなってしまいます。コンプライアンスの観点から、上場会社は諦めていますよね。

また、一か国滞在が一定日数を超えない、いわゆる「パーマネント・トラベラー（PT）」という社員もいるわけで、そうすると所得税の課税拠点がどこになるのかという問題も発生してきます。

水田　確かに、納税はちょっと厳しい。

高柳　そう、納税がまず難しい。公共サービスを受けている以上、当然ながら納税の義務はあります。働き方を重視して、移動を自由にするということは哲学があってやっていることなのですが、その点で

五城目コアの入る BABAME BASE の全景
(BABAMEBASE 提供写真)

法律との絡みがでてきます。日本でこういう働き方が進まない理由っていうのが、合法的にする仕組みを作り出す大変さだと思います。そのために、大企業で在宅勤務を導入している場合では、自宅でタイムカードを押させているわけですね(笑)。

水田　なるほど、その苦労を知りませんでした。

高柳　ええ、弊社は「脱場所」「脱時間」という働き方なので、法律や税務の実務家からすると、勤務場所がないということで判断に困ってしまう。そもそも、拠点すら設けたくないという考え方もあるのですが、登記する場所すらないと現行のルールでは問題になってしまうので、仕方なく、東京コアを本社として登記しているという感じです。

弊社が秋田県五城目町に設置している「五城目

森の中にたたずむネコバリ（根古波離）岩

コア」は、二〇一三年三月に廃校になった馬場目小学校の校舎を利用して、リノベーションを行った五城目町地域活性化支援センター、通称『ＢＡＢＡＭＥ　ＢＡＳＥ』を利用させて頂いています。

秋田県は全国で最も高齢化率が高く（二〇一四年で三十二・六％、『高齢化白書　平成二十八年版』）、過疎地ですけれど、五城目町の川には「ネコバリ岩」という岩があって、ものすごく豊かな自然があります。

ここがコアから車で十五分ぐらいのところにあるので、学校の夏休みには子どもたちを川で泳がせているということがあるわけです。

動画・五城目コアをとりかこむ自然やそこに溶け込む人たち
https://vimeo.com/151611926

オフィスの２階からの眺め

　これはオフィスから撮った写真ですが、このように豊かな自然が写っています。

水田　キレイですね。

高柳　ひとつ難点があって、周りに出張者が泊まれるホテルなどがないので、若者の有志が空いている古民家をリノベーションして泊まれるようにしてくれているのでそういったところを利用しています。

　来年には、徳島県神山町にコアを出したいと考えていて、写真を撮ってきましたが、過疎地って大体同じなんですよね。自然豊かで川があって、山岳地帯で、菜の花がキレイに咲いていていて、神山町では、古民家を改修したフレンチレストランなんかがあります。

映像会社が入居している古民家

水田　なんかこう日本の原風景的な、羨ましい景観ですね！また、内装は全体的にすごくおしゃれです！

高柳　そうそう。外資の大手ＩＴ会社を脱サラして、神山町で、こういうことやってるんですよね。

水田　凄い方の周りには凄い方が集まってくるんですね……。

高柳　そこが、面白いんですよ。で、これは東京にある映像会社なんですけど、やっぱり古民家を改修して、その中で映像制作をしています。

ただ、ランチをしようにも、東京みたいにあるわけじゃないので、キッチンを中に

編集センターがはいっている「蔵」

作って、地元のおばちゃんを雇って、お昼を作ってもらっています。

水田　地元のかたにもちょっと新鮮な刺激があって、全員ハッピーそう。

高柳　そうなんですよ。ご飯をみんなで食べるということになっています。

高柳　そして、「蔵」があったりすると、それをリノベーションして映像の編集センターなんかにしています。

水田　映像の編集ですか？

高柳　そうです。中には最新鋭の機器が揃っていますが、もともと「蔵」ですから、まあ耐震対策もしっかりしています。

水田　でも「蔵」にしか、見えない（笑）。

高柳 まさに「蔵」なんですけどね（笑）。他にもいろいろな移住者がいて、クラウド名刺の『Sansan』が、神山町にサテライト・オフィスを作っています。

水田 ジブリの映画に出てきそうな和室にクラウドサービスのロゴが見えます。シュールですね（笑）。

高柳 古民家を三つほど借りています。牛小屋なども地震対策を施して、そこで仕事していますし、元は仏壇だったところにサーバーを入れたり、中庭で東京とネット会議をしています（笑）。

水田 仏壇って、これ大丈夫なんですか（笑）。

高柳 大丈夫です（笑）。また、教育とすごく距離が近くて、「神山バレー・サテライトオフィス・コンプレックス」というベンチャー企業が複数入っているコワーキングスペースでは、休み時間にエンジニアが先生として小学生にプログラムを教えているんです。

水田 すごい！それはとてもいいですね。

高柳 東京で同じコンテンツを学ぼうと思ったら、一時間あたり一万五千円から二万円かかるものを、お互い楽しく無料でやっていて、最後プログラムでは、ドローンを飛ばしちゃうみたいなことをしています。

水田 充実した内容のプログラムですね。

高柳　そうですね。そういう世界が、当社の各地方コア周辺で広がっています。みんなこういうメリットをよく知っているんで、移住を含めて長期で行きたいと考えるんですが、唯一、子どもの教育にモビリティがありません。いまだに学校教育では通うことが大事だとされていて、「皆勤賞」というものがある。

水田　物理的に学校や教室に行くのが、よく学んでいる証であるという価値観ですね。

高柳　そうそう、朝きちんと起きて、学校に行って教室に座っているのは、重要だとは思いますが、なんで「皆勤賞」が重要かという理屈がよくわかりません。学校のカリキュラムを完全にこなしたとしても、長期で休むということが許されない。たとえば、フレックス勤務で働き方が縛られなければ、親は旅費が一番安い時期に自由に旅行したり、移動したりできますが、子どもの休みが取れないという問題が結構残っています。結局、子どもの学校のために、東京に残って仕事をしていることになります。

価値観の問題といわれるかもしれませんが、小学校や中学校を一年間休学させて親が子どもを一緒に海外に連れて行くというのはかなり難しいんですね。

水田　仕事には成果ありきの風潮がありますが、学校ではまだまだ形式も守らないと罰される傾向が強そうです。

高柳　そうですね。たとえば、有名なプロアスリートやセレブリティたちは、子どもたちのためにチューターを雇って勉強させることもあるのだから、それでいいのですが、もっと普通の人たちがそういうことができないかという課題があります。

そこで、御社のビジネスの話になるわけですが、ビジネスマンが海外に赴任したり、駐在したり、そのお子さんの国語の問題があるということですか。

水田　はい、様々な課題がでてきます。

高柳　今まではどうなってたんですか？

水田　例えばアメリカに赴任した場合、大多数のお子様は平日五日間アメリカの現地校に通い、土曜日の一日だけ日本語補習校に通います。そこで日本語のカリキュラムを勉強するのです。赴任して一年、二年は、英語が全く出来ないので、お子様はアメリカの学校で凄く苦労しながら勉強します。三年を超えてくると、英語は上達するのですが、今度は日本語力が学年相応のレベルよりも遅れてしまうことが多くあります。

高柳　それは漢字の読み書きとか、慣用句とかということですよね。

水田　そうです、そうです。またやっかいなことに、漢字が苦手だったり、語彙が少なかったりすると、新しいことを学んだり、抽象的なことを理解する力がどうしても落ちてしまうので、社会や算数といった他の科目の習得にも支障がでてきてしまいます。

高柳　水田さんご自身の経験でもあるんですか？

水田　はい、私は五歳から小学校五年生までアメリカのニューヨークにいたのですが、低学年の間は、日本語も英語も比較的順調に身につけられたのに、三年生頃から授業中に先生が言ってることの輪郭が急にフッとぼやけてしまうように感じることが増えてきました。

高柳　それは英語でっていうことですよね。

水田　そうですね。それで四年生、五年生と英語を詰めて頑張った結果、英語は得意になったのですが、今度は日本語が遅れがちになって、運悪くちょうどそれと帰国の時期が重なったので、帰国した後の日本の学校でも泣いてました。

高柳　人によって差があると思うんですが、家では家族同士で日本語を喋るんでしょうし、外では英語ということになるんでしょうけれど、哲学のようなレベルにまでね、両方バランスよくなることは難しいんですか？

水田　完璧なバイリンガルという状態は、正直なところ維持が非常に難しいものです。言語はツールなので流動的です。使ってない言語は自然と徐々になまっていきます。でも、それでいいんです。バランスをとりながら、完璧を求めすぎず、あきらめずに学び続けることが本当に大切です。小中校のお子様が、両方の言語で八割五分の成績がとれていたら、それはもうトップレベルで頑張っている状態だと思います。

高柳　それは、両方の言葉を維持するには、相当程度の努力が必要ってことですよね。

水田　そうですね、両方の言語が日常会話レベルではなくきちんとした思考言語になるには、きっちり人の二倍の努力が必要だと思います。人よりも大きなやかんでお湯を沸かしているような状態なので、沸騰するまでに時間もかかります。しかし、私の個人的な経験でもあるのですが、一度両方の言語が上手く使えるようになると、片方の言語で身に着けた知識がそのままもう一方に応用できる感覚に変わってゆきます。

高柳　それから、時期的な問題もあると思うんですね。日本語で教育をきちんと受けて、日本語で色んなこと考えられて、ビジネスの経験も十分積んだ上で、留学するというのは一見して遅いと思います。ただ、そうして言葉を身につけた人は決して流ちょうな話し方ではないのですが、武器として使えていることがビジネスの場面で多いんです。こういうのは正解なんですか？

水田　正解の一つだと思います。そういう方はコアがしっかりしているので、考え方や経験を武器にできます。それから、大きなメリットとして、自分が何者なのかということに悩まないと思います。

もちろん、他にも正解はあります。いわゆる「小学校逃げ切り型」は、小学生のうちに海外へゆき、きれいな発音や、大量の語彙を素早く身に着け、そのまま圧倒的なスピードでネイティブに追いつき、日本語も努力してしっかり身に着け、さらにその後、大学受験くらいまで英語を維持する努力家の勝ちパターンです。両言語を流ちょうに操り、異文化理解や、複合的な視点を持つ人も多く、状況によってうまく使い分けできるのが特技ですね。ただ、このタイプの方が苦しみがちなのは、「私は何人なんだ」というアイデンティティに迷ってしまうことです。

人間は不思議なもので、居場所があるときは別にありがたいとも思わないのに、ひとたび自分には安心できる居場所が無い、周りに気を遣って、ふるまいを変えないと受け入れてもらえない、と思ってしまうと、物凄く辛く感じ、萎縮してしまうのです。

高柳 相当小さい時に、違う言語圏に行って、現地の教育を受けた場合、相当程度の努力とか、親の側もマネジメントをしっかり理解しないと、大変残念な結果になるということですね。

水田 そうです。ずっと一所に住んでいれば、あまり意識せずとも教育の目指す方向性が決まり、情報もはいってくるのですが、国をまたいで二つの言語をバランスするようになると、とつぜん親の負担が激増します。例えば、アメリカの学校でお子様がどう評価されているかは学校と進んでコミュニケーションをとらなければ実態がつかみにくいですし、英語上達のスピードも比べる対象がないため順調なのかわかりにくい。帰国枠受験の勉強を始める時期も、駐在の任期によるので一人一人違い、週に一日の補習校で教えきれない教科内容はご家庭でフォローすることが期待されます。そして、その期待に応えようとするのが日本人のご両親の特徴です。大切なことです

が、自分の母親にかけた苦労などを振り返って、果たして、ご家庭、特にお母様がそこまでの負担を背負い込まなくてはならないのだろうかと疑問に感じてきました。

でも、まだこれは補習校や塾があるような海外の大都市、ニューヨークやサンフランシスコ、上海とかバンコクなどの状況です。そういう大都市ではないところに赴任した家族のお子様は、さらに輪をかけて大変ですし、いつのまにか機会を逸したり、取り返しがつかないほど差がついてしまったりということもよくあります。

高柳 その一つの回答として、今やっていらっしゃる、現に海外赴任を経験している、あるいは帰国された家族に対するサービスということですか。

水田 そうですね、私の会社は幸せなバイリンガルを増やし守りたいので、バイリンガル教育のあらゆる局面で奮闘している生徒様とご家庭に、きちんと次のステップに進めるようなカスタマイズした個別指導を提供しています。日本語と英語の習得や、受験勉強も大いにサポートしていますが、国境や文化の壁を越えて適応する時期に、生徒様の気持ちによりそえる先生でありたいと志しています。例えば、帰国して日本の「常識」や「良識」がないため気まずい思いをしても、どうやってそれを学び、海外経験で得た「強み」も殺さずに、周りの人に認められるようになっていくかを相談し、考えられるようになってほしいと考えています。

高柳　それはSkypeでその授業をされていますよね。英語もやるし、その日本語というか、「国語」もやるんですよね。

水田　そうですね、赴任地に着任したばかりのご家庭には、同学年の英語カリキュラムにいかに早くキャッチアップしてもらうかという観点から英語を教えていますが、慣れてきたお子様や、海外永住をしているお子様には、日本語補習校のサポートをしています。また、帰国後はやはり受験を控えている家庭が多いので、受験勉強も国語含む各科目教えています。また数学とか、物理は、国をまたいでも一緒だろうとよく思われているのですが、カリキュラムや教え方が違うので、アメリカ式・日本式の数学、物理、理科、社会の勉強の機会もそれぞれ提供しています。

高柳　それはすごく面白い話ですね。たとえば、受験レベルの国語の文章を読んで、行間から読み取れることを答えるような問題を解く力を教えられるんですか？

水田　はい。国語読解力ですね、受験も大事ですが、どの国でも必要以上に苦労しないように、高い読み書き能力を付けて頂くということです。読解能力って、要素分解できるんですよ。例えば長い文章の論旨が追えるか、抽象化ができるか、そういう辺りも大切な関門だと思います。もちろん、普段まったく日本語の本を読めないお子様が、いきなり読んだ本の内容を日本語で要約するというのは無理なので、ステップを踏んでゆきます。英語ではわかっているのに日本語に転化できていないお子様と、どちらの言語でも読解できていないお子様では教え方のアプローチもかなり違います。

高柳　たしかに難しいですね。それで困っている家庭やお子さんが多くて、大手も含めてそういうサービスが無いということを御社が手がけようということですか。

水田　そうですね。大手企業が大勢の駐在員を海外へ送り出していた一九九〇年代には、社内に海外子女のための相談室を設置していた企業が多く、駐在員の家族にまでおよぶサポート体制があり、また各都市の日本人コミュニティも成長し、補習校などが創立されるなど体制が作られてゆきました。ただ、近年そういった大手企業は非常に少なくなっています。でも、駐在は多様化しています。日本からの駐在員が極端に少ない地域に赴任したり、連続して駐在する「横飛び駐在」をしたりするようなケースが増えるなか、むしろサポート体制の重要性は増しています。新しい流れとして、海外駐在が長期化するにつれて、お子さん自身が、日本語はもう使わないんだから、英語だけ勉強すればいいと感じ始めるケースも増えています。

高柳　そういう人っていますか？

水田　います。

高柳　たしかに、日本のマーケット自体が人口減少で縮小していくので、ビジネスの今後や言語修得の苦労を考えれば、子どもが将来、世界のどこでも生きていけるようにしなければならないということを優先するというのは分かります。ただ、それが子ども自身の選択ではなく、親がすべき選択なんですか？

結構それで悩んでいる方が多いと思うんですよ。

水田　難しい質問ですし、本当にその問いに悩むご家庭は多いと思います。教育は、常にお子様やご家庭ごとの個別解があるので、これが普遍的な正解、というのは残念ながらありません。ただ、個人的な意見としては、お子さんが冷静に自分で言語のチョイスを判断できるのは、個人差はありますが、十五歳以上の年齢になってからだと思います。

例えばアメリカに長期滞在を予定している日本人で、バイリンガル教育を受けている十歳ぐらいのお子様が、ある日「周りのみんなはこんなに頑張っていないのに、なぜ自分だけ、倍の量の宿題をこなして、二言語を使いこなさなければならないか」と反抗し始めることがあります。一言語しか学習していない周囲のお子様がサッカーの試合に出たり、バースデーパーティーに行って楽しんだりしている間に、なぜ補習校で厳しい教育や躾を受けて、頑張らなければならないのかと疑問に思うわけです。

人間は健全な成長の過程で、親の言うことだけは聞きたくないと思うような時期があり、その時期のお子様の「やめたい」は、本当に日本語を勉強したくないと冷静に判断しているのではないと思います。お子様が十五歳ぐらいになれば、大人としての判断が徐々に備わってきますので、将来を見据えてどのように有効に時間を使うかということも考えられます。しかし、十歳前後のそれを見たご両親がすごく傷ついてしまうケースを多く見てきました。

お子様があまりに嫌がるので、仕方なく日本語教育をあきらめたのに、後のちに、成長したお

子様から「日本語をやっておけばよかった。なぜあの時に続けさせてくれなかったのか」と言われてしまうケースが驚くほど多くあり、ご両親としてはまた辛い。

高柳　ピアノとかの習い事と一緒ですよね（笑）。

水田　そうですね。日本語をあきらめる場合は、単なる教養科目ではなく、親子が腹を割って話せる共通言語をあきらめることにも近いので、かなり重たい意思決定です。また、帰国後に英語を完全に忘れてしまうのも、もったいないですよね。いずれにせよ、親子間で問題になって、感情的になってしまってからでは冷静な判断ができないので、お子さんが反抗し始めたり、もう時間がまわらないと感じ始めたりする前にご夫婦で家庭としての教育方針を決め、負荷がかかってきた場合の対応策も含めて考えておくことがおすすめです。

アメリカに住んでいる日本人にとっての日本語、そして日本に帰国した帰国子女にとっての英語は、いわゆる「ヘリテージランゲージ」に近いものです。生活したり、学校で友達を作ったり、成績をとったりするのにはほぼ必要のない言語で、勉強してもすぐに具体的なリターンはかえってきません。目先の利益ではなく、自分のヘリテージ、つまり何か自分は何者であるかというアイデンティティの確立のために学び、将来にいろいろな可能性を残しておくために学ぶ言語は、やはり意味合いが違ってきます。人生を豊かにするために学ぶ、つながりを保つために学ぶ、というニュアンス。ゆとりがないとできないことです。

もちろん、絶対にそれをやらなければならないわけではありません。アメリカにいる華僑や韓国系の移民家庭は、あえて母国語をあっさり捨て、とにかく英語で最良の教育を受けさせようと全力で頑張ります。コアな文化の継承が無くても、幸せな親子はたくさんいます。

高柳　基本的にはそれで成果は出ているのだから、そうですよね。さらに、先ほど見ていただいたような「日本の原風景」を親子で共有できているといいなと思います。

水田　まさにそういう文化の伝承というか、意思疎通ができるのは、お金にはならないけど、ある意味贅沢な幸せですよね。高校生ぐらいになって、自分は何者なのかを考えはじめ、そうした時に、自分は結局何人なのか、そもそも自分のルーツの国も日本の何たるかを知らないと思う、心細い不安さは、衣食事足りていてこその悩みです。

高柳 なるほど。そういった意味で、今の議論から分かったのは、それは言語に依拠しないということですね。英語で物凄く日本のことを理解していて、英語で日本のことを考えられれば「日本人」でもいいかもしれないということですよね。それはナショナリティという意味ではなくて、その精神としての日本人でもいいのかなと思います。そうであれば、別に言語体系はどうでもいいのかなと。

水田 「君は何人なのか」と問われたときに、自分の持つパスポートの国名をいうのは楽ですね。ただ、日本の場合には特に自分がいかに「自分は日本人だ」と思っていても、周りが承認してくれないと自分は「日本人」たりえない面があります。しかも、日本で「あ、君は普通の『日本人』だね、外人じゃないね。」と思ってもらうハードルがとても高いんです。

高柳 それは結局、教育のモビリティに帰する問題でもあると思います。親の出張、駐在に教育が付いてくればよいのですが、逸脱できない現状があって、それがいろいろな問題を引き起こす。さまざまなことがテクノロジーで解決できるので、そうしたことも解決できないかと思っていたところで、水田さんに出会ったわけです。

水田 仰る通りです。自分で選んだにせよ、ご両親の選択で移動したにせよ、住んでる場所によって自分が受けられる教育の質が凄く変わってしまうというのは問題です。すべての子どもには平等に、それぞれの花を咲かせる権利があるとしたら、たまたま子供時代にいた場所で可能性が変わるのは不公平ですよね。

高柳 そうですよね。逆に、それを享受しようと思ったら、場所に縛られちゃうわけですよね。親が移動をする必要があるときに、そうした不安に陥るわけで、どこでも公教育を受けられるようにサポートする公的なサービスがない。そうなると、民間が解決しなければならないところはあるし、お金の力を使えば何とかなるとしても、安価に提供することはなかなか難しい。そこで、テクノロジーが解決できないのかというところにたどり着きます。親がどこでも働けるのだから、どこでも教育が受けられるようにならないのかということも考えています。

水田 大賛成です。なぜ、学校という「場」にこだわるのかという議論はすでに起きています。教育は国家がデザインしているので、変革のスピードはゆっくりかもしれません。しかし、法律や制度はともかく、技術的にはとうの昔に解決されているものだと思います。

高柳　技術的にはネットで解決できますし、「場」であることの意味はもはやないのですが、学校法人は補助金や制度に縛られているので、学校という「場」を作って、そこに通わせるということが大事だということになってしまう。

水田　そうですね、国は公共性を担保しなければならない立場にあるので、モビリティを持たせたときに派生する問題を考えると頭が痛いのも分かるんです。

ただ、オンラインストリーミングさえできれば、世界一数学を教えるのが上手な先生や、最新鋭の技術知識をもった人の話を聞くくらいなら、すでにだいぶ前から可能なんです。目標設定して励ましたり、躓いたところを補ったりというところについてはパーソナライズしなければならないので、まだ誰かの目がないといけません。

高柳　中学校ぐらいまでの教育は標準化が必要なところもあるので、公のサービスとして学校という「場」に通わせるということが必要なのかもしれません。

でも、高等教育に関しては、知識を得るという意味では、多くの場合、図書館やテキスト、データベースやネットなどから得られるわけだから、大学の教室という「場」で教員が板書することを覚える必要はそれほどありませんよね。むしろ、その先生の人間性が発する見えないものを教わるというか、それを引き継ぐために会いに行くということなのかと思います。
たとえばその先生が研究休暇で海外に行っているから、その間はその教育を受けられないという損失自体が許せなくて（笑）。

水田　いや本当にそう思います。色んな可能性があったのにと思います。

高柳　その期間は、一〇〇パーセント同じものではないにしろ、テクノロジーでほぼ無料で解決できますからね。
人はどうしても過去の成功体験を引きずるので、そんな教育はダメだ、面と向かって目を見て話さないと分からない、ということをいわれる教育者もいるのですが、そうは思いません。

水田　Skypeでも目を見て話せるじゃん、みたいなことですね（笑）。

高柳　そうそうそう（笑）。だから、ノマド化した弊社では、もはや面と向かって行う会議は私の場合は週に一回ぐらいだし、そもそもほとんど会議に出ません。最初の頃は画面を見ながら会議をしていたんですが、もはや顔を見なくてもよいということに気がついたので、最近の会議は音声のみです。それだけでなく、実務では顔を合わせることもないのだから、採用に関しても最終面接もSkypeでやろうとしています。

当然ながら、そういうことに抵抗感のある世代もいて、それはそうしなければならないと教わってきたから、ということも理解できます。都心の一等地にある立派なオフィスに通うことがステータスだった時代、高い賃貸料を払っていくことに意味があったのかもしれませんが、もっと安いところに引っ越して、その分を社員に還元してくれという発想が出てくるかもしれません。さらに、モビリティを持った発想や価値観に変わっていくと思います。

水田　大胆な新しいことに直面すると最初は不安ですが、乗り越えた先には想像を超える便利さや幸せがあるパターンですね。技術革新の常かもしれません。昔、電話が発明されたとき、「記録に残らないものはビジネスに利用できない」といわれていたそうです。でも、あまりに便利すぎて、懸念されていた証拠を残すという部分は別の形で工夫をするように変わっていった。だから、教育もいずれそうなるのではないかと思っています。

高柳　今日お会いしたのは、そこの価値観が一緒だろうなという人を仲間にしたいと思っていたからです。

水田　高柳さんは率先して変化を起こしているリーダーですよね。私は今の時点では、仕組みが付いてきていないために生じたギャップを解決する形のビジネスをしています。

高柳　気付きというか、ロジカルで考えていくわけです。どうしても都心の一等地にこだわらなければならないビジネスはあるかもしれない。それも相対化されるとは思いますが、弊社はソフトウェアの会社だからそれにこだわる必要は全くないわけです。以前は多額の賃貸料を支払って、オフィスを都心に構えていましたが、それをなくしたわけです。その代わり、自前でインターネットを引く必要もあるだろうし、カフェでお茶を飲みながら仕事をしたりするかもしれないので、社員全員に「ノマド手当」というのを配ったのですが、それでも以前に比べると経費が大きく浮きました。

これを実施しようとしたときにもやはり抵抗勢力がいて、さまざまな反対論が出てきましたし、制度の壁もあります。たとえば、会社という「場」に通うための交通費が非課税なのに、通わなくてよいための「ノマド手当」が課税されてしまう問題があります。社員にとってみれば仕事をするという意味では同じことであるし、「場」にしばられるよりもメリットが多いのですが、これを非課税として経理処理しようとすると、税務署と見解が異なるかもしれません。こうしたことが足かせになって、たくさんの雇用を生み出している大企業が二の足を踏んでいるという実態があるので、弊社のようなベンチャーしかできなくなってくる。

安倍首相が「ブラック企業廃止」ということを言い出すのならば、そういうこともやってほしいし、特別なリーダーシップを発揮することもなく、ロジカルに考えていけばそうなるはずなんです。それに慣れると圧倒的に楽だし、子どもと一緒に多くの時間を共有して生活できるというのは豊かなことなんです。

水田　なんか人生の質が変わっちゃいますよね。会社としては儲かるし、サービスレベルも上がるし、社員も幸せだし、法令も遵守しているし、なんでやらないのかということになっていきますね。

高柳　そうでしょう。だからそれを実践しているんです。ただ、確かに会って話をした方が早いということもあるので、会わないために不調になるような最小限の部分は、各部門長がリーダーシップを発揮して解決してほしいということですね。テクノロジーを使ってもっとよりよいものに解決できるはずだから、もっと考えれば、それがうちのノウハウになるんだからと求めています。

水田 やってみないと何が問題になるかも分からないので、問題が起きそうだから様子を見るよりも、やってみて、発生した問題は全力で解決してゆく、という動的なスタンスはとても良いことだと思います。結果的に早く問題解決がなされますよね。

私の事業でも、当初はオンラインの家庭教師は対面よりも劣ってしまうのではと懸念されました。でも、要素分解をして、例えば解法を手書きしてみせるに代わりにデザイナーが使うような画面共有ソフトウェアを使う、といった工夫をして、一つ一つつぶしてゆきました。また、新しい技術ならでは価値を見つけるのも楽しかったですよ。例えば、「極彩色」という単語を海外にいる生徒様に教えるときに、言葉で説明すると「非常に濃く手のこんだ色あい」となんだかもやっとしてわかりにくいのですが、グーグルの画像検索結果を見せてあげると、わかりやすいと喜んでくれて、すぐに覚えてくれました。

高柳 「百聞は一見に如かず」ですね。要するにグーグルの画像検索が非常に有効に機能するわけですね。

水田 アナログの手法を忠実に再現しようとすると、どうしても微妙なところでかなわないこともあるにはあるのですが、デジタルならではの価値もプラスすると、総合的にはむしろ優れた教育ができていると思います。例えば、絵の動くデジタル教科書や、画像たっぷりのパワーポイントの板書、自分の進捗が可視化できるトラッキングツールなんかがあったら、すごく楽しくなりそうじゃないですか。

高柳　最近、大学の学部で教えていると、もはや体験していない世代だから仕方のないことですが、東西ドイツの統一とか、ソビエト連邦の崩壊とかを理解してもらうのが難しいということを実感します。「壁」を壊している映像は技術的に見せられても、その背景や文脈を理解してもらうには言語体系が備わっている必要がありますし、言語による思考も大事です。

自分自身で教育に携わっていて分からないこともあります。たとえば、以前であれば教員が板書したことを、受講生がノートにとるというのは当たり前のことだったのですが、最近は写真を撮るんですね。だから、板書を消す前に「撮った？」という確認をしています。

水田　私は、それをこっそりやって、見つかると怒られる世代でした（笑）。

高柳　それだけでなく、もっと凄いのは小学校の子どもたちも手書きをすることが少なくなっているので、筆圧が下がって、学校は教師が判読可能なように、濃い鉛筆を使うよう指導している。そこまで一方で進化し、もう一方で退化しちゃってる状態なのに、公教育に関しては昔のロジックを背負っているところがあるから合わないんですよね。

だから、民間がSkypeなどを使って、それを解決しようとしていることにすごく興味があります。おそらく、今後はそうせざるを得ないし、マーケットの大小はともかく、そこが拡大して機能しないと、便利なところが享受されていかないんじゃないかと思っています。

水田　やはり国が意思決定するとなれば、さまざまな環境にいる国民全員を考慮して、公平な機会を提供していかなければならないので、公教育での導入、変更にはかなり時間が掛かると思います。

しかし実態は先に進んでしまいます。働く人のモビリティは活発化し、定住を前提として作られた制度のサポートを受けられないお子様がでてきます。そうしたギャップをサポートすること、そして結果的に「オンラインでもいい教育ができるんだ、ではもっと進めてもよいのでは」と思わせる事例を示していくのが、私どもが生めるポジティブインパクトだと思っています。

高柳　先端を走ってる人っていうのは、モビリティとかテクノロジーとかをうまく使えるとか、世の中にある情報に騙されないとかという人たちだと思うのですが、そのテクノロジーをうまく使おうっていう人が出てくれれば、その人たちをフォローしていくわけですね。だから、マーケットが大きいとか小さいとかっていうのとはまた別な話なのですが、アンテナが立ってる人だけにリーチしているのが、僕は正しいと思ってるんですね。

水田　完全に同感です。困っているお子様はもっとたくさんいるので、いずれはもっと広く役に立ちたいです。海外子女は七万人、帰ってくる帰国子女は毎年一万人もいます。帰国子女には華やかなイメージがありますが、苦労しているケースも多いんです。リスクを取ってバイリンガル教育に挑んでも、両方ともできなくなってしまう場合もあり、また心理的な居場所が無くなって勉強が手につかなくなることもあります。将来、がんばってよかったと思うためにはこういう勉強をするといいよ、また途中で困難に直面しても、先輩たちはこうやって乗り越えてきたよ、と伝えるサポートしています。

不思議なことに、ご両親の考え方がすごく時代の先端を行っていても、お子様の悩みは割と普通だったりします。みんなと同じようになりたいとか、恥ずかしいから追いつきたいとか。ちょっと切ないような部分もあります。

高柳　子どもって不思議なもので、お父さんが物凄くカッコよくて、ビシッときめていたり、お母さんもとってもキレイでモデルみたいだったりするよりも、普通のお父さんとお母さんを求めたりするわけです。学校の授業参観とかで自分の親が他の親と違って目立つのが恥ずかしいっていう気持ちがあるんですね。多分そういうことでしょ。そこを理解してくれる人がいないと子どもが不安になるわけですね。

水田　そうなんです。これから英語は必ず必要になるし、海外に連れて行けばおのずと話せるようになるだろう、とご両親が思われる気持ちは分かりますし、何の苦労もなくすいすい進めるお子様も一定数います。しかし、大多数のお子様は人並み以上の努力や特別なサポートなく海外に行ったり、インターナショナルスクールに入ったりしてもどうにもならないし、むしろ母国語すら危機に瀕してしまうケースが多いと思います。

バイリンガル教育は、楽して獲得できるものではなく、覚悟を持って取り組めば、長期的に豊かな未来が開けていくという性質のものです。十五年ぐらいかかる壮大なプロジェクトです。そういう覚悟や意識がもうちょっと浸透してほしいなってよく思います。

高柳　「ノマド生活」を実現することで、リビングコストも安くなり得られるメリットもあるのですが、なるほどそういう面は、たしかに難しいですね。

水田　お金や時間の上では合理的な選択ですし、家族と過ごせる時間が増えて、劇的に生活の質が改善する人も多いと思いますよ。

高柳 リーダーシップがあれば実現できるので、あとは、よく分からない価値観に縛られてる人に、どうやってこの「ノマド生活」を理解してもらうかということだけだと思っています。

ただ、モビリティを持った働き方というのは正しい選択だと思っています。だから、それを徐々に証明していかなければならないのですが、やはり教育のモビリティだけはなかなか解決できないかなと思っています。

航空運賃が安い時期に一か月学校を休ませて、子どもを連れて、ハワイに滞在するといったことも考えられるので、ロスしそうなことを滞在先のホテルに戻って、一日二時間 Skype で勉強するというようなサービスは、僕絶対ありうると思っているし、もしあったら我が家は使いたいと思っています。

水田 元々いたところに戻るというのならば、そこは本当にシンプルに解決できます。コンテンツを渡すだけなんで、ネットがあればどこでもできますよね。

高柳 そうですね。そのニーズが果たしてどの程度あるかどうかは分からないのですが、そういうサービスがあると会社側も動きやすいと思います。子どもがいるから東京から離れられませんと社員から言われたら、こういうサービスを福利厚生で付けてあげるから、家族で行ってこいっていうのはできるはずですね。

水田 今のやり方では、日本の優秀な方が海外で働こうとすると、子どもの教育を犠牲にしないといけない節があって、でもそれを避けるために海外に行かないとか、家族で一緒に暮らさないという選択は、もったいないですよね。

高柳 でも、それもね、日本の大学に入るための受験が既定路線になっているということだけですね。その受験体制に臨んで日本の大学に入って卒業したからと言っても、その後は誰も約束していないわけです。そこで、そこに柔軟性を持たせたいと思っているわけです。今年弊社で採用した七人は、東京採用の一人を除けば地方か海外です。海外をやり出すと、どうしても教育の問題が出てくるので、御社のサービスが必要だということになります。

水田 お役に立てることがあればぜひ相談してください。お父様、お母様が活躍しようとしていることの代償で、お子様が苦労するというのは変な話ですので、両方ともハッピーになる道を、積極的に提供していきたいなと思っています。

高柳 そうですよね。是非、この議論は続けていきましょう。

〈対談者プロフィール〉

株式会社ティー・シー・ケー・ワークショップ　代表取締役社長

水田早枝子さん

東京都生まれ。五歳から十歳までニューヨークで育つ。桐朋女子中高等学校を経て、東京大学経済学部卒業。外資系消費材メーカーに入社。経営管理部に所属し、買収後の経営統合プロジェクトやコスト戦略立案などに従事。フルブライト奨学生としてハーバード大学経営大学院入学。在学中に同社を創業。二〇一五年ＭＢＡ取得。

株式会社ティー・シー・ケー・ワークショップ

http://www.tckwshop.com

〈著者略歴〉

高柳寛樹（たかやなぎ・ひろき）

情報社会学者
株式会社ウェブインパクト／代表取締役社長
ガーディアン・アドバイザーズ株式会社／シニア・アドバイザー（テクノロジー担当）
立教大学・大学院／兼任講師
一九七六年東京生まれ。立教大学社会学部社会学科卒業後、同大学大学院社会学研究科社会学専攻修了（修士　社会学）。
大学二年の時に株式会社ウェブインパクトを創業。以降一貫してアカデミアとテクノロジービジネスに主体的に関わり続けている。
ここ十年は主に「ＩＴ前提経営（Tech Driven Management）」の実践者としての活動に力点をおいている。
詳細な略歴は下記に詳しい　http://hiroki.st/profile/
コンタクト　takayanagi@hiroki.st
@buntydad
facebook.com/hiroki.takayanagi

まったく新しい働き方の実践 ——————————
「ＩＴ前提経営」による「地方創生」

発　行 —— 2017年3月17日　第1刷発行
定　価 —— 定価はカバーに表示

©著　者 — 高柳寛樹
発行者 — 小林達也
発行所 — ハーベスト社
〒188-0013　東京都西東京市向台町 2-11-5
電話　042-467-6441
振替　00170-6-68127
http://www.harvest-sha.co.jp
印刷・製本　㈱平河工業社
落丁・乱丁本はお取りかえいたします。
Printed in Japan
ISBN978-4-86339-086-7 C0034